企→业→日→常→管↓理←系←列←丛←书

行政工作常见问题清单

许 强
编著

地震出版社
Seismological Press

图书在版编目（CIP）数据

行政工作常见问题清单 / 许强编著 . -- 北京 : 地震出版社 , 2021.8
（企业日常管理系列丛书 / 陈明星主编）
ISBN 978-7-5028-5238-2

Ⅰ . ①行⋯ Ⅱ . ①许⋯ Ⅲ . ①企业管理—行政管理 Ⅳ . ① F272.9

中国版本图书馆 CIP 数据核字 (2021) 第 095734 号

地震版 XM4551/F（6095）

行政工作常见问题清单

许强 编著
特约编辑：段会敏 武月莹
责任编辑：张 平
责任校对：凌 樱

出版发行：地震出版社
北京市海淀区民族大学南路 9 号 邮编：100081
发行部：68423031 68467991 传真：88421706
总编室：68462709 68423029
证券图书事业部：68426052
http：//seismologicalpress. com
E-mail：zqbj68426052@ 163. com
经销：全国各地新华书店
印刷：北京柯蓝博泰印务有限公司

版（印）次：2021 年 8 月第 1 版 2021 年 8 月第 1 次印刷
开本：710 × 960 1/16
字数：260 千字
印张：14.75
书号：ISBN 978-7-5028-5238-2
定价：45.00 元

前　言

PREFACE

常言道："不想当将军的士兵不是好士兵！"每个人都应该有自己的职业追求，将自己锻炼成为一名出色的职场精英。有了目标，工作起来才有劲头，才会让自己获得长足的发展。

工作就是在解决问题，而解决问题的水平则体现了一个人工作能力的高与低。如何在日常工作中，通过解决每个实际问题而不断提升自己的工作能力，是每个人晋升和自身发展亟待解决的问题！为此，我们特别编写了"企业日常管理系列丛书"。

该丛书包括：《财务工作常见问题清单》《采购管理常见问题清单》《仓储管理常见问题清单》《新产品运营管理常见问题清单》《供应链管理常见问题清单》《行政工作常见问题清单》《绩效管理常见问题清单》《客户服务常见问题清单》《企业资本运营常见问题清单》《人力资源工作常见问题清单》《商品配送管理常见问题清单》《生产管理常见问题清单》《物流服务常见问题清单》《销售团队管理常见问题清单》《促销管理常见问题清单》《项目运营常见问题清单》《国际贸易管理常见问题清单》《大客户销售常见问题清单》共18本，通过对日常工作常见的问题和容易忽略的细节问题进行了梳理，并在整体上架构了不同职位人士的日常工作模型，让每一项工作一目了然，细节无遗漏，工作不失误。读者可以根据所需即查即用，轻松解决工作问题。

本系列丛书有如下特点：

第一，能帮助我们重新梳理自己的工作问题，让工作脉络更加清晰。

第二，能帮助我们加深对每项工作的理解，既有针对工作问题的规范性操作，也有经验性的总结，两者的完美结合对工作问题的解决起到事半功倍的效果。

第三，每项工作问题都设有工作场景描述，读者可以根据工作需要，随时即查即用，少了在漫天的文字中间寻找答案，非常实用、方便。

第四，通过本系列丛书的学习，帮助我们养成总结工作经验的习惯。

第五，引导我们形成“问题导向”的工作意识，从此进入自我提升的快车道。

本系列丛书认真选取了当下企业中的热点职位及部门，从日常工作的实际问题出发，针对每个工作问题进行了思路拓展性的解读与分析，给出了经验性的总结阐述，改善从业者的当前工作局面，为从业者搭建起工作能力提升的可靠阶梯，也为相关专业工作人员全面提升业务水平提供了可借鉴的学习读本。

行政工作被很多人看成“跑腿打杂”的工作，其实没那么简单，企业其他各个部门的工作得以顺利、高效完成，都离不开行政工作。行政工作者工作水平的高低直接影响到企业能否顺利运行。

本书倡导“行政工作清单式管理”，以“行政工作日常管理常见问题”为主题展开，全面梳理行政工作中的常见问题，嵌入问题导向的思维意识，重新梳理每一项行政工作，并通过操作指导与工作经验提示相结合的方式，悉数行政工作的关键点。

这是一本介绍行政管理工作“问题导向”思维方法的书。读者朋友可以对照行政工作中的常见问题，即查即用。

本丛书在编写过程中，得到了相关从业者及工作伙伴的大力支持和配合，在此一并表示感谢！

目 录

CONTENTS

第 1 章 企业会议管理常见问题

第 4 章 行政日常工作常见问题

第 5 章 物品、设备和房舍管理常见问题

第6章　员工健康安全工作常见问题

第1章

企业会议管理常见问题

企业若想会议圆满达到既定目标且有效率，就要保证会议目标清晰并一直紧密地围绕这一目标进行。会议成功与否，主要取决于会议前的策划工作。这种策划工作，主要是为了确定会议召开的必要性，同时确定会议的目的、形式和议程等。

1.1　如何评估会议成本

> 工作场景描述
>
> 当开会之前需要评估会议的成本时，可查看。

解读与分析

作为一种商业活动，会议同样是有成本的。企业需要评估会议成本。将成本与预期收益相对照，是企业判断是否应召开某一会议的重要依据。

会议成本主要由三方面构成：直接费用、时间成本和效率成本。

1. 直接费用

如果是企业的一些例行会议，那么会议的直接费用一般较低，顶多包括一些茶水费、电费、纸张费等。但是如果要召开一个大型会议，场地、设施等费用就是企业的直接支出。

这可以从以下公式中看出：

直接费用=会议场地费+会议设施租用费+现场布置费+差旅费+餐饮费+住宿费+文件费+车辆使用费+工作人员工资+其他支出

2. 时间成本

与会者在会议期间付出的时间总和，可以看作会议的时间成本。

时间成本可以用以下公式来表示：

时间成本=(与会者的准备时间+与会者的旅行时间+会议进行时间+与会者花费在会议上的其他时间）×参加会议的人数

如果换算成金钱，那么：

时间成本=与会者的平均单位时间工资×会议花费总时间×参加会议的人数

3. 效率成本

开会时，与会者需要离开自己的工作岗位，这将可能给企业造成工作效率上的损失。例如，与会者有可能因不能及时接听电话而错失商机，有可能因不能及时与顾客沟通而得罪顾客，有可能因无法及时掌握突发事件的信息而造成很大损失等。关于这类损失，没有一个固定的公式来计算，只有一个根据具体情况大致估算的公式：

效率成本=因开会而耽误工作的收益×此工作成功的可能性

时间成本和效率成本可以合称为机会成本。

企业对会议成本进行精确的计算和统计，可以为降低会议成本、大幅度提高会议效率奠定基础。

关键点提示

会议成本主要包括：

1.直接费用；2.时间成本；3.效率成本。

1.2 如何确定会议成功的标准

工作场景描述

当希望了解什么是成功的会议时，可查看。

解读与分析

企业召开会议，当然希望它取得圆满成功。要想使会议取得圆满成功，企业首先要知道什么是成功的会议。成功的会议，一般具有三个标准。

1. 有明确、清晰的目标

有明确、清晰的目标是会议成功的前提条件。所谓会议目标，就是本次会议预期达到的最佳效果，例如与参会的另一方签署一份合同，与会者就某件事达成共识，或与会者进行信息、思想上的充分交流等。总之，企业要清楚为什么召开会议。

会议目标是企业考虑会议议程、时间、与会人员等各种问题的出发点，也是所有与会者参加会议共同的目的。企业在没有搞清楚会议目标前，尽可能不开会。

2. 有最终决定

会议最好能达到会前预先设定的目标，如果不能，至少要有最终决定。最终决定就是会议结束时取得的会议结果，其基本特点在于能清楚地指明与会者将要在什么时间做些什么事情。其形式可以是决议、备忘录，或者只是工作安排、一致的想法，甚至可以是就此次会议的目标再召开一次会议。

没有最终决定的会议会令与会者产生挫折感、对会议的不满情绪。当然，会议上的最终决定，应对所有与会者产生作用，而不是仅仅停留在纸面上。

3. 有效率

所谓有效率，就是指会议的收益大于成本。会议的决定可能带来的效益就是会议的收益。无论是合同可能带来的利润，还是好的建议可能节约的成本、与会者在会上获得的正向感受，都是会议的收益。比较会议的成本和收益，我们就可以判断出会议是否有效率了。

拖沓、纷乱的会议效率低下，会让与会者感到不满。

知道什么是会议成功的标准，是我们促使会议成功的第一步。

关键点提示

会议成功的标准包括：

1.有明确、清晰的目标；2.有最终决定；3.有效率。

1.3　如何确定会议召开的必要性

工作场景描述

当想知道是否需要召开会议时，可查看。

解读与分析

人们经常抱怨时间被浪费在无用的会议上，对此，管理专家给出的忠告是：尽可能地减少会议。因此，保证召开的每一次会议都是必需的，是会议策划者要考虑的首要因素。一般来说，出现以下三种情况时，企业有必要召开会议。

1. 需要进行信息交换

现代企业分工细致，往往令各部门甚至部门内部人员间彼此不清楚对方的工作内容或工作进度。若要令部门内部人员和部门之间在工作上配合默契，企业就需要召开会议，进行必要的信息交换。有时为了客观、全面地了解情况，得出合乎实际的结论，企业也需要让多个部门的多名人员坐在一起交换信息，在此情况下就应当开会。

另外，如果需要激发具有创造性和批判性的意见，从而寻找、分析、解决问题和做出决策，企业同样需要开会。

2. 需要整合不同意见

一个团队包含许多个体，需要整合内部不同的意见，如让众人接受一个决定、计划、构想或重新整合众人混乱的观念，确保所有人都对一个问题有一致的理解，这时就需要开会。

另外，如果需要使某个问题尽快获得各方的一致反应，或需要全面推动、加快已经延迟了的工作，企业往往也需要开会。

3. 涉及多方面工作安排

如果决策实施涉及多个部门、多名人员，就需要召开会议。例如，为了让大家明确目前面临的问题，处理涉及不同部门的人事问题，处理不知道什么人对此负责或需要多人、多部门对此共同负责的问题，安排涉及多个部门和多个人的工作等时，均需要召开会议才能取得最好效果。

出现以下四种情况时，企业可以不开会。

1. 准备不足

准备不足的会议如果仓促召开，一般不会取得良好效果，一般情况下，不如不开。会议准备不足表现在：与会者没有做必要的准备；会议的时间安排不合适；没有适当的资料数据，目标不明确；没有会议议程，与会者不清楚将要讨论什么；与会人员还未确定。

2. 不会取得任何成果

有时人们在会议召开之前就能预见到会议很可能不会取得任何成果，这种会就没有必要开。例如，邀请了不适当的人参加会议，或与会者中的核心成员不能到会，与会者之间充满不可调和的矛盾甚至敌意时，都会导致会议不会取得任何成果。

有时，场外因素也可能导致会议没有结果。例如，会议一召开即受到持续不断的干扰，以致会议时间过长，与会者失去信心。

3. 有更优的替代方式

在有比会议更优的替代方式时，会议也就没有必要召开了。简单来说，一个人可以解决的问题就完全不需要再有其他人参与，只是简单地向对方发出信息而不需要其做出回应就可以解决的问题，也不需要召开会议。

4. 没有开会的必要

显然，已经做出决定的事情，就没有必要召开会议再次讨论了；已经达成广泛一致的意见时，也无须再征询众人观点。这些不符合召开会议必要标准的会议，自然就不需要召开了。

如果企业想开会，就应尽可能地搞清楚它的必要性，即什么情况下需要开会，什么情况下不用开会。

关键点提示

1. 在这些情况下需要开会：

（1）需要进行信息交换；（2）需要整合不同意见；（3）涉及多方面工作安排。

2. 在这些情况下不需要开会：

（1）准备不足；（2）不会取得任何成果；（3）有更优的替代方式；（4）没有开会的必要。

1.4 如何选择会议的替代方式

工作场景描述

当确定没有必要召开会议，希望用其他方式来代替时，可查看。

解读与分析

召开会议之前，企业应当意识到，会议不是解决问题的唯一方式，也不一定是最好的方式，所以要判断召开会议的必要性。如果一些会议是不必要的，企业就可以使用其他更有效率的方式来替代它。当然，不同的替代方式是针对不同情况而言的。

1. 自己解决

并不是每个决策都需要很多参与者经过讨论和研究才能做出。如果个人根据情况就能迅速做出判断或进行适当调研后即可做出决策，那么比起召开会议，这样做自然更有效率。

员工本职工作内的常规问题当然需要自己解决。如果广告经理召开会议询问如何做广告，就会被看作无能或推脱责任。即使偶有非常规的问题出现，如果情况并不复杂，或对此已有经验，自然也可以个人决断，接下来要做的就是将决策传达下去实施。

2. 单独交谈

如果是处理一些仅涉及个人的问题，与第三方基本无关，如雇佣、解聘、薪水增减等，召开会议就显得有点儿大张旗鼓。面对面单独交谈，也许更容易将事情掌控在可控范围之内。

3. 通知或告示

如果仅是单向沟通，只要将信息简单地传递给对方即可，通知或告示的形式就可以达到目的。

需要注意的是，企业要把握住“不需要参与者给予回应”这一关键条件。例如，上级下达了新文件，文件内容是近期工作的一些总结或最近几天工作或活动的安排等。如果其目的仅限于将这些信息传递给对方，并不需要反馈意见，就没有召开会议的必要，发个通知、贴个告示就可以了。

4. 问卷调查

对于将信息从对方汇总到自己这里的单向沟通，使用问卷调查的形式不失为一个更好的选择。

很多情况下，人们只想从别人那儿收集自己需要的信息，并且希望内容只限于一定的范围，或沟通仅限于一次性的，如收集下属对新制度的想法或对自己预想的工作安排会做出怎样的反应等。此时，问题虽然涉及很多人，然而大多数人对公开表明观点有所顾忌，问卷调查可能会比会议更能得到真实的信息。例如，若想了解员工对自己最近工作的评价，会议当然不如不署名的问卷调查更适合了。

5. 电话或信函

有时交流的各方可能会受到空间上的限制，如果召开会议，参与方就可能会在路上花费大量的时间和资金。这种会议平时我们经常见到。如果会议主要涉及其中一人与其他人间的交流，而不强调其他人之间的交流，电话或信函的方式同样可以达到目的。

例如，各地分公司的经理需要向总公司汇报一些情况，并不需要他们之间交流，就没有必要将他们召集到总公司来一起开会，各自通过电话与总经理交流同样可以达到目的。这里，电话与信函的区别主要体现在即时性上：需要即时交流，电话更方便；不需要即时交流，信函则更有助于信息的准确传递和双方时间的灵活安排。

6. 口头传达

管理中，出于维护对方自尊的需要，有时确实需要采取大事化小、小事化了的解决方式。例如，上级发现新来的员工在办公室说话时声音太大，板着脸公然批评可能会打击新员工的自尊，开个会讨论更是不分轻重，即使把新员工召进自己的办公室面谈，也可能会挫伤对方的自信，毕竟新员工对上级的反应较为敏感。那么，通过较有人缘的老员工私下向新人传达自己的意思可能是最好的选择。

这里需要注意的是问题本身的重要性。会议应是严肃的，如果随意用来讨论一些日常琐事，必然会降低会议本身的威信。当问题涉及的对象是确定的，问题本身又不具有重要性时，对方可能会对公开的方式很敏感，口头传达的方式也许更适合信息的传递。

信息传递选择什么样的替代手段，要根据需要达到的目的和效果确定。需要注意的是，如果确实需要召开会议，企业也不必盲目避讳。

关键点提示

会议的替代方式有：

1.自己解决；2.单独交谈；3.通知或告示；4.问卷调查；5.电话或信函；6.口头传达。

1.5 如何明确会议的目标和诉求

工作场景描述

当确定召开会议，要让与会者对会议召开的原因和目标了然于心时，可查看。

解读与分析

当确定有必要召开会议后，就要开始为会议做准备。准备工作的第一件事就是明确会议的目标和诉求。

会议的目标和诉求，简单地说就是“为什么开会”，也就是会议召开的原因和目标。组织者应尽可能地将其清楚陈述出来。这样不但可以令与会者明白自己为什么来开会，而且可以让组织者本人不会在会议过程中感到迷惑。一般来说，明确会议的目标和诉求分为以下三个阶段。

1. 明确召开会议的主要原因

有时召开会议的原因只有一个，很清楚，很简单，例如，打算推广实行新的工作方案，讨论上个月销售额大幅度下降的原因等。这些看起来只解决一个问题的会议，在具体的操作中可能会延伸出很多细小琐碎的新问题，例如，有人会提出自己的工资太低或两个人相互指出对方的缺点等。所以，即便只有一个原因，也要将这个原因表述清楚，使之清晰地指向一个问题，让与会者明白，这次会议是为了解决这个问题，别的问题暂不讨论。

如果召开会议的原因有很多，如既要总结上个月的工作，又要布置本月的新任务，那么，组织者就应当将这些原因罗列出来，按照重要程度排列；如果存在逻辑顺序，要按照逻辑顺序依次排列，这样与会者就可以对召开此次会议的主要原因一目了然。

2. 根据原因确定会议的目标

确定了召开会议的原因后，相关人员还要根据它确定会议的目标。正确确立会议目标是使会议取得预期效果的第一步。

如果召开会议的原因指向一个急需短期内解决的问题，如找到上个月营销成本激增的原因，或是部门主管离职之后由谁来负责部门的工作，那么，会议的目的就是针对问题找到明确的答案。

如果召开会议的原因指向一个需要长期协调讨论、逐步解决的问题，如部门的规则是否有不完善的地方，或现在企业的营销策略是否需要进一步改善，那么，会议的目的就是明确对这个问题的讨论所要达到的程度，如是一定要得出结论，还是先让与会者在原则上达成共识。

3. 再度审核召开会议的原因和目的

基本确定了召开会议的原因和目的后，组织者一定要再审核一遍。一方面，检查召开会议的原因是否重要，召开会议的原因和目的之间的关联是否紧密；另一方面，将召开会议的原因和目的总结成条理清晰、语句通顺、通俗易懂的语言，以便与会者顺畅地理解。

明确会议的目的和诉求，是会议准备工作的第一步，也是整个会议工作的第一步，它决定着后面工作的步骤和方向。

关键点提示

明确会议目标和诉求的过程如下：

1.明确召开会议的主要原因；2.根据原因确定会议的目标；3.再度审核召开会议的原因和目的。

1.6 如何选择会议形式

工作场景描述

当对会议形式进行选择时，可查看。

解读与分析

确定召开会议的目的和诉求后，接下来就要选择适合此目的和诉求的会议形式，以使会议迅速达到设定的目标。会议形式很多，分别适用于不同的情况。

1. 两方会议

顾名思义，该种会议中仅有两方，一般适用于双方共同筹备活动，双方就彼此之间的关系或利益进行谈判或利用某种偶然机会讨论业务的情况。

这种会议只有两方参与，会议之前要尽可能全面掌握对方的有关信息，由此推测对方在会议上可能采取的行动，并与己方情况对比，预设己方恰当的让步程度。这是两方会议成功的关键。

2. 非正式会议

这种会议通常是由一位高层人士提出问题，与其关系紧密的另外几方加入而召开的。召开这种会议的目的，往往是聚在一起研讨解决问题的办法。

这种会议通常是由召集者临时提议召开的，缺点在于往往因临时提出议题而致使各方准备不充分，造成会议过程拖沓。要想克服这种缺点，一是要尽快明确会议主题，这主要是召集者的工作，召集者在召集之前不妨先将主题清晰化；二是与会者要积极配合。由于时间紧迫，与会者往往是在会议开始前不久才匆匆得知会议议题的，对议题有深刻的思考是很难的。在收到召集者的会议通知后，与会者要抓紧思考议题，以便在会议开始时能够对议题有较为深刻的理解，并形成一些自己的观点。

3. 集思广益会议

这种会议是临时的非正式会议的发展，其目的是产生具有创造性、革新性的思想，所以，与会人员不能局限于临时的非正式会议中关系紧密的参与方，而是要扩大范围，选择一些思维灵活、视野宽广或经验丰富的与会者。灵感需要与他人交往并得到反馈才能产生。

这种会议的最关键因素是让所有与会者畅所欲言，只有这样，与会者才能释放全部灵感，从中归纳出最好的意见。这种会议的最大缺点是有可能被那些口齿伶俐、盛气凌人的人所控制，从而使那些原本拥有宝贵创造性思维的人根本没有时间表达或羞于表达。这时候，会议主席需要充分发挥控制会议的核心作用，抑制口齿伶俐、盛气凌人的人，鼓励拥有创造性思维但苦于无时间表达或羞于表达的人，以便让所有人都充分参与进来。

4. 常设委员会会议

这种会议覆盖面较广，通常有特定的名目，如董事会、财务管理委员会会议等。常设委员会是一种常设机构，成员任期较长，所以显得比较正式。相关人员召开会议前需要做好准备，这种会议议程相对固定，内容变化只与时间有关。一般来说，企业的中高层例会都以这种形式进行。

这种会议必要而常见，追求高效率是关键。即使是每次不大的效率损失，日积月累也是一笔相当庞大的损失。这种会议长期召开，有必要令与会者相互了解并熟稔会议程序。只要能为这种会议确定合适的议程和内容，并对主要与会者进行适当的分工，就可以大幅度提高会议的效率。例如，首先由部门经理汇报上个月的工作，接下来由副总经理指出该部门的成绩和不足，最后让总经理告诉大家下个月的工作计划。

5. 紧急委员会会议

这种会议与常设委员会会议、非正式会议有类似之处，目的是解决紧急发生的问题。虽然是临时性的，但会议要讨论的内容显然会深入、具体得多，往往会涉及具体的实施细则。相对于常设委员会会议，它更灵活，不需要事先考虑好很多框架性问题，如会议日程和会议时间等。虽然这种会议往往于匆忙间召开，但大都能在短时间内达成决议，所以通常效率很高。

召开这种会议的目的是妥善处理一些特殊的问题，并得出一定的结论和建议，所以往往需要合适的与会者参与、详细的工作阶段安排和充足的讨论时间。这类会议容易拖沓，耽误与会者的时间，所以，只有那些对该问题真正有解决能力的人，才能被指定参与会议，与会者要充分准备，尽快进入最佳状态。

6. 正式会议

这种会议准备充分，议程严密，与会者众多。其目的一般是为重要的、非争议的问题提供最终决策，设计实施方案，并具体落实到每个与会者的头上。这种会议在商业活动中必不可少。企业的员工大会、股东大会等法定会议或管理层的全体会，都必须使用这种会议形式。

召开正式会议时，要营造严肃、庄重的气氛，高规格的会场布置和隆重的仪式可以很好地营造相关气氛。这样可以提高与会者对会议的尊敬度，并有效地减少由懈怠引起的失误，阻止啰唆、混乱的发言。正式会议最要注意的地方是会议必需的程序及其要求，一些会议的程序是由规程规定好的，如果出现与规定内容不符的纰漏，很容易受到指责，所以一定要按照相关的规程设计会议的程序。

7. 展示会议

这种会议的主要目的是少数与会者向大多数与会者传递、灌输一些信息，相互之间不是平等的交流关系。展示会议的互动性虽然较差，但可以起到信息传播的作用。这种会议形式一般适用于一部分人向其他人展示或汇报自己的研究报告、工作成绩等情况。

这类会议往往会有重要人士出席，成功的关键在于展示者现场展示的内容、形式和效果。提前检查展示者的准备情况是非常必要的，不要出现令人反感和尴尬的内容；展示者要尽量采用多种灵活生动的表现形式，如果有条件，一定要进行预演。

8. 公开会议

这种会议的主要目的是吸引公众的注意力，以扩大自身的影响力，往往准备充分、设计严密，并不需要与会者交流和讨论。决议一般已经做出，只是借此机会公开而已。这种会议形式适用于新闻发布会、商业展示会等公众性会议。

由于直接面对公众，这类会议一旦出现失误、尴尬或混乱的场面，必将使相关企业的公众形象遭受严重打击。所以，会议议程需要进行认真、周密而完善的设计和精心安排。如果确实需要的话，相关企业还要提前对一些发言进行妥善安排，以获得最佳效果。另外，合适的宣传工作也是公开会议的重点工作。

不同的会议形式服务于不同的会议内容。企业要先确定会议议题，进而选择相应的会议形式，以达到会议最佳效果。

关键点提示

会议的形式包括：

1.两方会议；2.非正式会议；3.集思广益会议；4.常设委员会会议；5.紧急委员会会议；6.正式会议；7.展示会议；8.公开会议。

1.7　如何把握组织间的会议

工作场景描述

当希望组织间的会议取得良好效果时，可查看。

解读与分析

大多数情况下，会议是指一个机构或组织内部成员参与的内部会议。但是，随着现代社会人与人之间的频繁交往，组织和组织之间也需要不断进行整体性的沟通，这时就需要熟练掌握参加组织间会议的恰当技巧。

组织间会议的特别之处在于不但与会者有自己的个人意见，还要在组织内部形成一个共同的意见，这样就使会议变得更为复杂。所以，参加组织间会议一般有以下三种技巧。

1. 己方组织内部必须保持统一的意见

己方组织参加组织间会议，尤其是一些双方或多方谈判的会议时，己方内部一定要在会议开始之前就统一意见，至少统一原则。一般来说，开始正式会议之前，己方需要召开一个内部准备会议，成员就即将召开会议的议题和可能达成的决议进行讨论并产生一致的结论。己方组织成员在参加正式会议时应当严格遵守内部准备会议的决定。

2. 尽可能多地收集与会组织和代表的有用信息

与其他会议一样，参加组织间的会议时也需要尽可能多地收集参与各方的相关信息。不过，由于组织间会议的特殊性，己方组织既需要尽量多地收集对方组织的信息，也需要尽量多地收集对方组织中一些成员的有用信息，特别是这些成员在对方组织中的地位、影响力和对会议议题的特殊态度。获得信息之后，要认真分析研究，以推测出对方组织的态度、组织成员的特点以及可能的突破口。

全面了解对方的信息，在会议中也会对双方的交流有所帮助，并可能提前博得对方的好感。但是，一定要注意所收集信息的准确性，否则可能带来严重的不良后果。

3. 会议中己方成员相互配合

组织间的会议是一种以整体形式参与的活动，团队的合作精神更加重要。参加会议的人员作为一个团队，一定要有领导者，负责会议前的组织准备、会议进行中控制局势，以及会议结束时做出决定。其他人员也应有明确的分工，如谁负责会议议题资料整理，谁负责对方组织资料整理，谁负责公关活动，谁负责后勤活动等，甚至可以安排一人或几人在会上扮演强硬派，一人或几人扮演妥协派，以便获得最大利益。

组织间的会议比平常的会议更复杂，但只要把握住以上几方面，就可以化繁为简，有重点、有针对性地在组织间的会议中应付自如。

关键点提示

把握组织间的会议需要注意：

1.己方组织内部必须保持统一意见；2.尽量多地收集与会组织和代表的有用信息；3.会议中己方成员相互配合。

1.8　如何利用网络举办会议

工作场景描述

当希望突破空间的限制，充分利用网络举办会议时，可查看。

解读与分析

网络时代的飞速发展改变了企业生产和管理的模式，也改变了各种会议的模式。

相对于一般的会议，网络会议有自己的特点：由于计算机网络的介入，即使相隔非常远的各方，也可以被迅速召集起来开会，通过视频的形式达到直观交流的目的，并且节省了大量的路途花销和时间。当然，传统会议的大多数原则仍然适用于网络会议。企业利用网络开好会议要做到以下几个方面。

1. 安装一个良好的网络会议电子系统

良好的网络会议硬件系统是召开网络会议的必要前提。硬件系统一般包括：有足够承载力的服务器、至少每处一台的视频输入和播放系统、即时视频通信传输系统、网络接入系统和良好的传输网络。另外，还需要附加在硬件上的软件。

2. 确定召开会议的必要性

即使建立了可以节约费用的网络，企业召开会议仍然需要慎重考虑，因为即使节约了旅程费用，会场费用、接待费用和通信费用支出仍是必不可少的。会议的即时性仍然要求所有与会者必须在一个固定的时间面对屏幕，这自然会耽误他们的工作，也就是说，会议的效率损失依然存在。如果需要讨论的事情即时性不强，企业可以选择其他更为合适的方式举行会议，这样与会者可以在一定范围内自行安排时间，避免耽误一些重要工作。

3. 控制会议中的发言

相对于传统会议，网络会议上的发言更容易失控，有时可能会遇到与会者长篇大论的情况，有时可能会出现发音不清或发言混乱的情况。这就要求会议主席加强控制。

首先，应有一个与会者发言的顺序和时间要求，以避免出现冗长的发言或同时发言的情况。其次，一旦出现同时发言的情况，主席要及时制止并临时指定顺序，以掌控混乱场面。最后，注意与会者主要成员的发言，因为这些发言对最后的决议有较大的影响。

4. 适时地加入人性化的内容

较传统会议而言，网络会议一个最大的不足就是与会者之间缺乏交流和互动。人们更像是在与一个屏幕对话，而不是在和同样活生生的人交流，这使得与会者在讨论不感兴趣的内容时很难集中注意力。所以，适时地加入一些人性化的互动内容，如会议正式开始前让与会者之间相互问候，或在会议中主席适当活跃气氛等，都可以让与会者将注意力转到人的身上，起到集中注意力的作用。

关键点提示

召开网络会议时需要特别注意：

1.安装一个良好的网络会议电子系统；2.确定召开会议的必要性；3.控制会议中的发言；4.适时地加入人性化的内容。

1.9 如何设计会议的议程

工作场景描述

当会议需要合适的程序进行议题讨论时，可查看。

解读与分析

当会议的议题和形式确定了以后，相关人员下一步需要做的就是设计会议议程，也就是对会议的议题讨论做出具体安排。

会议议程如同轨道，可以令会议在预定的方向上有步骤、有计划地进行，所以议程内容十分重要。一般来说，会议议程有一定的模式，大多数的会议议程包括以下几个方面。

1. 主席的开场白

主席的开场白一般是会议开始后首先需要进行的部分。开场白的内容包括：必要的与会者介绍、此次会议所要解决的问题、问题的有关背景、此次会议的目标等，有时还要透露主席或召集者的态度。开场白的内容范围由会议召集者恰当把握，具体内容应由主席本人来控制。

2. 介绍基本情况

主席在开场白中提出问题后，再由几位与会者介绍他们所掌握的这个问题的情况，这样可以令其他与会者对这个问题有一个初步的概念，并以这些基本情况为出发点进行思考，为之后的讨论做铺垫。

需要注意的是：①情况介绍者应是提前指定的对问题有了一定研究的人，他们介绍的情况应当是可靠的。②情况介绍者的发言应简明扼要、重点突出，不需要介绍更多细节，因为即使介绍了，其他与会者也不一定能记下来。如果有人对细节感兴趣，可以在讨论阶段再详细询问。

3. 自由发言，讨论问题

情况介绍者介绍了基本情况后，会议就可以进入自由发言阶段。虽然是自由发言，但实际上仍应提前拟订一个大致的顺序。这时可以让一些思维敏捷、性格外向的与会者先发言，让一些思考时间较长、较深入的与会者后发言，避免出现无人发言的尴尬场面，使整个讨论逐步深入，充分调动大家的思维。

每个人都表明自己的观点之后，会议就该进入更激烈的讨论阶段，这时与会者极容易分为几派，有些与会者可能会针锋相对。场面虽然可能会有些混乱，但这正是问题讨论最深入的时候，可以令所有的矛盾都充分暴露出来，为决议做准备。

4. 整合意见，得出结论

与会者充分讨论之后，就需要逐步地整合意见，找到共同点，在分歧上相互妥协。这时候，主席应处在主导地位，主要任务是促使与会者的意见相互融合、达成一致，最后将其以一定的形式表述出来，提交上级或传达给下级。

5. 会议结束

会议达成决议后，还没有正式结束，会议主席或召集者一般需要对会后的工作进行简单的安排，或明确地向与会者布置任务。

以上就是会议议程所包括的内容。有时，召集者还可以根据实际需要对会议的议程进行添加或删减。例如，有的会议结束时可能需要领导发言，有的会议的议题情况由主席代为介绍等，这些都要视会议的具体情况而定。

关键点提示

会议议程的内容一般包括：

1.主席的开场白；2.介绍基本情况；3.自由发言，讨论问题；4.整合意见，得出结论；5.会议结束。

1.10 如何让会议严格按照设定的议程进行

工作场景描述

当希望会议按照设定的议程进行时，可查看。

解读与分析

确定了会议的议程，并不代表会议就一定能如期望中那样进行。若想令会议严格按照设定的议程进行，相关人员必须注意议程设计上的细节。除了会议议程的内容外，相关人员还应当注意如下问题。

1. 设计紧密

有时会议在进行中可能会出现离题的情况，这可能是由会议议程设计不紧密造成的。会议议程的各个部分应当是环环相扣、紧密相连的。相关人员设定好会议议程之后，不妨先对各个部分进行仔细检查，看看是否有思路的跳跃，或有与主题无关的内容。即使是一些与主题有一定联系但联系并不紧密的内容，也应尽量删掉。如果是确实需要讨论的内容，就尽量安排在主要议程结束后，以保证主要议程能按序进行。

2. 提前通知与会者

将议程提前通知与会者，可以让与会者及早了解议程安排，并在会议进行时遵守议程。分发给与会者的议程表应当是条理明确、形式一致的，但内容可以是删减的，这样可以让会议主席和召集者更容易控制会议进程，灵活性更强。

3. 采用固定模式

这对于有规律的议事会议来说是很适合的。固定的议程模式，有利于与会者把握会议议题，明确各自的分工，帮助会议严格按照议程进行。设计固定模式的议程时，相关人员需要非常熟悉常规议事会议的内容和与会人员，了解每个与会者“扮演”的角色。同时，相关人员还应注意会议内容的顺序，根据实际情况及时修改。

4. 对可能发生的情况有所准备

即使议程设计周密，会议中仍然充满事先不能确定的因素。有时，会议中间一个突发事件有可能导致整个议程作废。所以，相关人员应当对会议中有可能突然发生的情况提前做出准备，并在议程中有所记录。

突发情况有两种，一种是可以预见到的，如对一些选择性作答的问题“我们到底收购还是不收购某企业”“是否同意 × 先生担任销售经理”等，回答必然是两种答案之一，对于这两种答案，应事先在议程中有所准备。对于可预见到的情况，即使可能发生，相关人员也要制订相应措施，以不致到时候出现失控或混乱的局面。

还有一种突发情况是不可预见的，例如，两个平时关系很好的经理突然反目成仇，相互激烈指责，或是本来一直较忠实的客户突然取消了大额订单等。对于这样的突发事件，会议之前面面俱到地设计应对方案是不现实的，可以采取的方法是针对各种类型的突发事件有一个大体的解决思路或解决步骤。例如，对于会上突发的人事问题，会议主席应当先稳定会场局势，再尽量使事情拖到会后解决，或是在会上最大限度地将与会者的注意力引导到别的问题上等。

好的议程设计仅仅有合适的内容是绝对不够的，还需要相关人员在形式以及其他细节上全面琢磨，这样才能保证会议按照预定的程序进行。

关键点提示

会议议程的设计应当注意：

1.设计紧密；2.提前通知与会者；3.采用固定模式；4.对可能发生的情况有所准备。

1.11 如何确定会议规模

工作场景描述

当需要根据会议的目的来确定会议的规模时，可查看。

解读与分析

大多数会议强调与会者之间的互动性，会议规模又常常直接影响到互动状况。如果会议的组织者希望减少职级间的隔阂，强调上司与部属之间沟通渠道的畅通，恰当地控制会议规模就显得格外重要。

根据会议目的，会议分为需要互动和不需要互动两种。这两种会议规模的确定标准是不同的。

1. 需要互动讨论型的会议

这种会议一般需要与会者之间深入交流，就议题进行有效的讨论并得出正确结论。所以，与会者之间积极互动是这种会议成功的关键。但现在的大多数会议存在规模超出需要的问题。冗员、拖沓以及无用的发言严重挫伤了众多与会者的积极性，令会议低效、冗长。

与会人数增多，人际互动的复杂性就相应地增加。研究指出，当与会人员超过7人时，每增加1人，互动频率就可能相应增加10倍以上；人数越少，效率越高，与会人数为奇数的会议效率通常比偶数的高，还可以避免投票表决时陷入僵局；少于5人的会议很难有高质量的讨论，往往容易被一两人所控制。所以，互动讨论型会议的合适规模大多是5~7人。

2. 不需要互动讨论型的会议

有些会议不需要与会者积极互动，如宣布事情、发布信息等会议。这样的会议规模可以根据信息接收的对象范围来确定。如果客观条件（如时间、地点等）容许，企业可以将会议规模扩大到需要的程度。对于事情的传达，企业应尽量减少会议次数，以大幅度提高效率，节约更多的宝贵时间。

会议规模确定的关键在于与会者之间信息的传递究竟是单方还是双方的，如果需要相互交流，而且要保证效率，会议规模就必须控制在合适的范围内。

关键点提示

不同类型会议规模的确定方法为：

1.需要互动讨论型的会议——5～7人的规模；2.不需要互动讨论型的会议——根据信息传达对象来确定规模。

1.12　如何确定与会者名单

工作场景描述

当要确保与会者都是必不可少之人时，可查看。

解读与分析

无论会议其他方面的工作准备得多充分，最关键的仍在于参加会议的人。所以，确定与会者名单，是组织召开会议工作中最重要的一环，也是会议准备工作中难度最大的一环，很多召集者为如何确定与会者名单而大伤脑筋。现在，介绍几个确定与会者名单的标准。

1. 有利于议题的讨论

召开会议的目的，就是对议题进行讨论并得出结论，所以，与会议议题有关，应当是选择与会者的首要条件。但与议题有关的人员数量可能依然是一个庞大的数字，企业可以按照以下具体标准筛选。

（1）与议题有直接关联的人。如果召开客户服务方面的会议，客户服务部的经理一定要到场；如果是关于职位调整方面的会议，人事经理就不可缺席。直接关联人员对议题最为熟悉，也最有发言权。这种人员到会，不但可以帮助其他与会者客观、详尽地了解情况，而且会议决议可能需要他们最直接地参与。

（2）可以提供专业或独家信息的人。他们会令讨论更有效率地进行。不同的人员，获得信息的来源不同。有些人由于专业性强或拥有特殊的消息渠道，可以得到较之大众更快、更准确的消息。这些消息往往会对做出决策起到决定性的作用。为使企业在竞争中稳操胜券，就需要让这些可以提供专业或独家信息的人参加会议。

2. 有利于会议的顺利进行

与会者的立场不同，会对会议进程产生不同的影响。为了让会议顺利进行，相关人员需要关注以下一些人。

（1）如果不按其意思办，就会大吵大闹的人。总会有这样的人，如果不按他们的意思办，就会不顾场合地吵闹起来，对周围的人和环境都会造成很坏的影响。对于这样的人，原则上尽量避免让他们参与会议，因为他们很可能会令会议夭折。但有时候如果不让他们参加会议，可能同样会令事态扩大，这时就要谨慎地进行安排。例如，让更有权威的人士同时参加会议，充分利用权威人士压制他们可能在会议上采取的行动，以尽量控制他们对会议造成的不良影响。

（2）对会议协调发挥不可或缺作用的人。协调者对于会议来说是非常必要的，他们可以防止会议因与会者之间一时的不妥协而夭折。一般来说，会议主席或召集者应当扮演会议协调者的角色，但他们不一定能够完全胜任，所以还需要其他与会者大力发挥会议协调者的作用。这种人可能是人缘很好的人，可以在不同的与会者之间做“和事佬”；也可能是公认做事公平公正的人，他们在关键时刻的表态可以得到大家的一致认可。

（3）代表着一个团体或群体的人。一般来说，会议应当以个人的身份参与，但有的与会者可能代表着一个团体或群体的利益。如果拒绝这样的人参与会议，很可能会立刻引起一个团体或群体的不满和愤怒。让他们有一个适当的途径充分表达自己的意见，应当是管理者采取的一种必要措施。

当然，需要注意的是，必不可少依然是选择与会者的第一条件。

3. 有利于召集者的意愿表达

对于召集者来说，重要的不仅是会议议题的讨论和会议的顺利进行，还要使召集者的意愿能够在会议上得以充分表达。所以，对召集者意愿可能持有的态度，自然应当成为选择与会者的参考标准。一般来说，谁会支持召集者的意见，谁会反对，应当成为筛选与会者的重要标准之一。

以上是确定与会者名单的一般标准，有时在一些特别场合还有其他标准。但以上三个标准应当是最基本的标准，在确定名单时应首先被执行。

关键点提示

筛选与会者的标准包括：

1.有利于议题的讨论；2.有利于会议的顺利进行；3.有利于召集者的意愿表达。

1.13 如何更好地选择会议主席

工作场景描述

当希望会议有一个可靠的引导者时，可查看。

解读与分析

会议主席是与会者中最重要的角色。在会议进行中，会议主席应能够正确地把握方向，稳妥地控制全局，并得到大多数与会者的认可。一个合适的会议主席可以挽救一场濒临崩溃的会议，一个不合适的会议主席则可能断送一场原本可产生实效的会议。所以，选择会议主席时，必须相当谨慎小心。一般来说，会议主席可以是以下人员。

1. 会议的召集者

召集者成为会议主席的优点是相当明显的，会议的议题、议程、时间、地点等都是由召集者本人确定的，召集者成为主席，可以在会议开始前后对会议进行很好的控制。但是召集者成为会议主席不但受到自身能力的限制，而且也许会成为其他人指责召集者操纵会议的借口。

一般来说，如果此次会议不太可能出现严重的意见分歧，或召集者的立场比较超然，并且召集者自身的能力可以胜任，会议主席就不妨由召集者本人来担任。由于确定会议主席是召集者的责任，因此召集者可以根据具体情况自行斟酌，做出恰当的抉择。

2. 参与会议的最高领导

如果会议中可能出现很多不同的意见，做出决议时整合意见又比较困难，就十分需要一个权威的声音，此时会议主席由参与会议的最高领导来担任就比较合适了。

最高领导担任会议主席的优势是显而易见的，由于职位显赫，他考虑问题时，较其他与会者更具有全局性和权威性，在整合大家意见时尤其可以体现这一点。但由于最高领导十分繁忙，不一定有时间或精力担任会议主席，因此，召集者如果选择最高领导为会议主席，一定要注意与领导多加沟通，协调此事。

3. 与议题关系最为紧密的人

让与议题关系最紧密的人担任会议主席，大多是在展示性会议或介绍情况的会议上。这种会议一般是以个人为中心，由他们向大多数人传递信息，他们担任会议主席可以更好地把控会议的节奏，以便有效交流。这样的人可能是相关部门的经理，也可能是这个项目的负责人。

4. 现场控制能力较强的人

有些会议可能会出现很复杂的情况，甚至混乱的场面，危机四伏，困难重重，如股东大会或是内部审核的评议会等，这是对会议主席控制能力的极大挑战。此时需要一位现场控制能力较强、可以在现场协调各方利益的人，至少可以让会议继续下去，不致半途而废。

当然，如果会议各方的矛盾不可调和，会议的失败就不是一个能言善辩的主席可改变的了。

5. 各方势力均能接受的人

如果会议中已经出现了明显的几方势力，会议本身的目的往往就会变成这几方势力的利益协调。会议主席应当是一位各方势力都可以接受的人，他可能是一位中立人物，或是一位获得各方共同认可的公众人物。这样，在主持会议时，各方才可能在会议上听从此人的意见和统一安排，并可能接受其主持协调的结果。

会议主席在会议中的作用举足轻重，一旦确定，就需要树立其权威。在会议上，任何向主席挑战的行为都应当被严格禁止，并受到严厉惩罚。

关键点提示

可以担任会议主席的人选包括：

1.会议的召集者；2.参与会议的最高领导；3.与议题关系最为紧密的人；4.现场控制能力较强的人；5.各方势力均能接受的人。

1.14　如何确定会议召开的时间

工作场景描述

当希望会议召开的时间得到与会者认同时，可查看。

解读与分析

高效的会议离不开适当、合理的会议时间。适当、合理的会议召开时间，有助于与会者准时到达会场，精力充沛地参加会议。

何时召开会议最适当？这要根据会议的具体类型来确定。

1. 日常例会

对于日常例会，会议时间的确定尤为重要，因为例会时间一旦确定，一般都会长期不变地执行下去，一旦会议时间安排不合理，对会议的不良影响将会持续很长时间，这种不良影响造成的各方面损失也会相应地增大。

一般来说，周一与周五都不适合安排例会，这两天紧邻周末，与会者可能会受假日活动的影响，不容易集中注意力。午饭以后的时间是公认的任何人都容易懈怠的时间，即使召开会议也不会取得好的效果。所以，对例会时间的安排建议最好是周二至周四的上午8：00—11：00或下午2：00—4：00。现实生活中，大多数企业或行政事业单位把例会安排在周二的上午举行，以便在例会上安排一周的工作。

2. 临时性会议

临时性会议一般根据与会者的个人空闲时间来恰当安排，尽量避免因时间安排不妥而造成与会者缺席。

但让尽量少的人缺席的依据并不是简单地计算与会人数，每个与会者对会议的作用和影响不同，要区别对待。具体的方法可以是将与会者按照重要程度进行排列，跳过必须参加会议的与会者不能出席的时间段，再从中选择大家都能出席的时间，如果实在安排不开，就允许缺席者派代表来出席会议。

如果还有选择的可能，依照日常例会时间安排的原理，会议时间最好安排在周二至周四的上午8：00—11：00或下午2：00—4：00。

3. 其他需要注意的问题

有时，有人会将会议安排在上午11：00召开，因为即将到中午，会令与会者有紧迫感，使得会议成为短会，而且容易达成协议。当然，时间紧迫也可能会导致会议因时间太短而草草结束，收获甚少。

另外，紧急会议召开的时间，一般应遵循“越快越好”的原则。

会议召开时间要根据与会者的具体情况来确定，要一切以与会者为本。

关键点提示

会议召开的时间一般可以这样安排：

1.日常例会：周二至周四8：00—11：00或14：00—16：00；2.临时性会议：选择与会者都有空闲的时间；3.在上午11：00召开会议时要控制好时间，而且容易达成协议。

1.15　如何确定会议的时长

工作场景描述

当需要对会议的时长做出限制时，可查看。

解读与分析

会议冗长是每一个与会者都深感头痛的问题，过短的会议又可能令讨论无法深入，那么，会议究竟应当持续多长时间最为恰当呢？如同确定会议召开的时间一样，企业需要根据会议的具体类型才能恰当地做出判断。

1. 日常例会

日常例会一般有着相对固定的议程和内容，与会者相互比较了解，对议题一般也不陌生，所以时间安排上可以紧凑一些。一般来说，例会的时长为30~90分钟。例如，由部门经理召开的部门周例会，经理对上周工作进行总结花费5~10分钟，部门员工报告上周的工作结果和本周固定的工作安排花费20~60分钟，经理对本周工作做出总体安排花费5~15分钟。这样，此次例会根据与会者的出席情况和会议内容情况，时长大致控制在30~85分钟较为适宜，也容易取得较好效果。

对于大多数例会来说，虽然半小时的会议时长可能非常高效且紧凑，但大多数会议无法做到。若想让会议取得最好的效果，就请控制在1小时以内。会议时长一旦超过一个半小时，就会出现与会者疲劳、精神不集中以及抱怨的情况。所以，相关人员应根据自己掌控会议的能力以及与会者在会上的表现，适当地掌控会议时长。

2. 临时性会议

临时性会议的时长要根据会议具体内容和形式而定。按会议时长来分，其可以分为短期会议、中期会议和长期会议三种会议。

短期会议通常是指时长在30分钟以内的会议，内容一般简单而明确，主要目的是与会者之间关于某个特定事务进行信息传递，并不需要较深入地讨论，如临时的碰头会、大型活动之前的动员会等。这些会议都需要与会者精神高度集中以及信息高效交流。根据科学研究，一般人精神高度集中的状态最多只能持续40分钟，所以这样的会议时长度最好控制在30分钟以内。

中期会议是指时间长度在30分钟至2个小时的会议。这样的会议不但要求与会者进行深入的讨论，并且需要达成一定的决议，所以需要一定的议程和步骤。这样的会议包括临时的非正式会议、特别议事会、展示性会议等，具体安排可以参照表1–1进行。

表 1–1　中期会议安排

会议议程	时长 / 分钟
提出议题	0~10
介绍情况	5~30
进行讨论	20~60
整合意见	5~20
达成决议	0~10

会议最好不要超过2.5小时，如果问题实在解决不了，可以采取休会的办法，另选时间继续进行。

长期会议是指会期在1天以上（包括1天）的会议，这样的会议一般包括法定会议，如一些大型企业、机构的年会等。在这种会议中，与会者一般需要一定的时间来相互了解，并对会议议题进行深入而广泛的讨论，做出的决议一般也具有持久性。同时，长期会议一般包括很多仪式，可能发生各种突发事件，所以在会议时长上要给予较宽裕的时间安排。会议具体时长，要根据会议议程和仪式等各项内容来确定。大多数这样的会议不超过两天，具体安排一般如表1-2所示。

表 1-2　长期会议安排

时间		议程	内容	长度
第1天	上午	开幕式	开幕仪式，领导讲话，提出议题，介绍情况	1.5~2小时
	下午	会议讨论	讨论议题	2~3小时
第2天	上午	会议讨论	讨论议题，整合意见，达成决议	2~3小时
	下午	闭幕式或新闻发布会	闭幕仪式，发布消息	1.5~2小时

会期超过1天的会议，必然需要安排成几个小会，每个小会的时长可以在相同内容的普通中期会议的时长基础上再加10%~15%的仪式时间和5%~10%的机动时间，这样就可以估算出每个小会总的时间长度了。

企业根据不同的情况确定了会议的时间长度后，还应适当地询问与会者对此时长会议的意见，以求获得大多数与会者的一致认可。

关键点提示

会议时长一般安排为：

1.日常例会：30~90分钟；2.临时性会议，具体细分为：

（1）短期临时性会议时长：30分钟以内；（2）中期临时性会议时长：30~120分钟；（3）长期临时性会议时长：1天以上，2天以内。

1.16 如何选择会议召开的地点

工作场景描述

当希望会议召开的地点符合会议的要求时，可查看。

解读与分析

对正处于创业时期的企业来说，在哪里开会似乎并不是重要的问题。但是如果企业走上正轨，如何选择会议地点就是应当好好考虑的事情了。一般来说，会议地点可以参照以下方法来选择。

1. 企业内部会议

企业内部会议一般都在企业内部举行，根据会议类型的不同，举行的地点也应有所不同。

（1）企业的例会。它需要有一个固定的会议场所，最好是一间独立、宽敞、明亮的房间，里面有必要的布置和相当数量的设备，这样可以使会议显得比较正规和严肃。一定的布置可以让企业员工在会议上严肃认真、精神集中，产生一定的归属感。企业的每个部门一般都有独立的会议室，这是举行企业内部会议的最好场所。

（2）企业高层会议。企业的高层领导在主办会议时可以使用企业内部的场地。选择企业的董事会会议室或股东会议室作为会议地点，不但能让一些不能到企业以外地方参加会议的高层管理者也来参与，还可以提高会议的地位和声望。

2. 企业间的会议

企业间的会议应根据会议举行目的的不同分别选择不同的地点。

（1）如果是对方企业派遣代表过来与本企业协商或谈判，那么本企业最好的会议室就是最好的选择。这样不但可以令对方通过会议室的豪华程度来间接了解本企业的实力，还可以通过主场优势向对方施加压力。

（2）如果仅是双方企业间的一般交流，则选择一个轻松的地方就比较合适，例如郊区的一个度假村或是一家雅致的茶馆，这可以令双方卸下戒备之心，实现较为真诚的交流。

（3）如果是双方间互相平等的协议磋商，不妨找个处于双方中间地带的饭店，将其作为协议磋商的“会议室”。

3. 大型会议

对于大型会议，特别是比较正规的大型会议，其场所等级要求比其他会议高一些，但仍有不少地点可供选择。

（1）会议中心。这包括专门的会议中心或酒店里的会议中心等。这些地方一般都拥有各种规格的会议厅、完备的会议设备和训练有素的工作人员，可以给主办方提供全面而完善的优质服务。但其收费标准相应较高，适用于一些高规格的正式会议。

（2）公共建筑。现在，一些公共建筑也可以承办大型会议，如图书馆、纪念堂等。企业在这些地方举行会议，也许客观条件不如专业的会议中心，但可以借助其显赫的社会地位扩大会议的社会影响力。例如，在人民大会堂举行的会议，自然会无形中大幅度提高会议的档次。

（3）高等院校会堂。现在，大多数的高等院校有设施齐全的专业会堂。企业在这里召开会议，不仅费用支出可以相对低一些，更重要的是，可以表现出会议的优秀“文化氛围”。但是，企业选择这里时应当注意，会议时间最好定在所选高等院校的假期或公共节假日。

开会的地点一定要契合会议的内容以及形式，企业还要注意会议的预算、规模及室温、灯光、噪声等因素，确保与会者的舒适度。一个让与会者感到不适的地方，不会给会议带来任何正面影响，只能带来负面影响。

关键点提示

会议的地点可以是：

1.本企业会议室；2.度假村或茶馆；3.双方中间地带的饭店；4.会议中心；5.公共建筑；6.高等院校会堂。

1.17 如何安排会议现场的座位

工作场景描述

当希望会议现场的座位布置恰好能够契合会议形式时，可查看。

解读与分析

没有任何一种座位安排模式能够满足所有使用者的要求，这是我们必须清楚认识到的，每一种座位安排模式都有其既定的优势和劣势。以下是几种常用的会议现场座位安排范例。

1. 矩阵形

这种座位安排模式可以突出主席的重要性，同时可让与会者清楚地看到相关资料，最适合宣讲式会议，可以为讨论确定正式的基调。但其不足之处是严格限制了与会者之间的讨论，与会者记笔记也较困难。

2. 无桌子围坐形

这种座位安排模式会大大削弱会议主席的重要性，减少与会者参考笔记和其他资料的可能性，与会者记笔记也比较困难，但能鼓励并方便与会者之间互相讨论和交流。

3. 圆形

这样的座位安排削弱了主席的重要性，与会者演示直观资料时也可能有困难，但它不但鼓励与会者之间彼此讨论，而且使与会者容易记笔记。

4. 小组围坐形

这样的座位安排能鼓励且十分便于小组内的自由讨论，气氛较为轻松随便。但它也具有削弱主席重要性的缺点，还降低了组与组之间讨论的可能性，不利于相关资料的展示。

5.L 形

这种座位安排最大的好处是既强调了主席的重要性，又突出了会议主席的主要追随者或对手，还有利于展示大多数与会相关资料。它鼓励长方形会议桌两边的成员形成对立的局面，正面展开热烈的讨论。但如果主席不能很好地控制会场局面，则这种座位安排很容易导致长方形会议桌两边成员争执不休，从而阻碍会议议程的正常进行。

6.U形

这样的座位安排既能突出强调会议主席的重要性，鼓励与会者之间讨论，又可以使与会者的精神更加集中。其另外一大优点是，能增强主席与其他与会者之间讨论的可能性和便利性。

总之，会议现场的座位安排原则应该是企业在选择最适合与会者，最合乎会议目的的模式时，考虑每种模式可能产生的独特效果。

关键点提示

会议现场的座位安排一般有：

1.矩阵形；2.无桌子围坐形；3.圆形；4.小组围坐形；5.L形；6.U形。

1.18　如何进行会议现场的布置

工作场景描述

当希望会议现场的布置可以烘托出适当的气氛时，可查看。

解读与分析

无论是企业内部的例会，还是企业间的谈判，都需要对会场进行适当的布置，更不用说是多方参加的大型会议了。当然，会议的性质和规模不同，对会场的布置要求也相应不同。根据以下会议性质，相关人员可以对会场进行相对应的布置。

1. 企业内部会议

企业内部会议一般都在企业的会议室进行，所以相关人员需要对企业会议室进行与内部会议特点相应的布置。并且，会议室布置完毕之后需要长期保持，这样可以给予与会者一种熟悉而安全的感觉，促进与会者集中精神开好每次会议。

会议室一般是一间宽敞、明亮且有一定隔音效果的独立房间。房间正中应当摆放一张圆形或椭圆形的会议桌，并有若干张座椅围绕在桌子周围。主席的座位应当位于椭圆长轴的两极位置，主席背后应避免有窗户或门，因为主席开会时通常会成为与会者注视的焦点，而窗户或门极容易吸引与会者的注意力，从而大大减弱他们对主席的关注。主席背后一般为有关企业宗旨的语句或企业高层重要人物的题词。另外，如果有投影仪，投影幕布也应当放置在主席的背后。会议室需要有挂钟，一般挂在主席对面的墙上，这样可以让主席随时掌握时间，控制会议节奏。主席两侧的墙上可以布置一些有关企业的照片或语录，如果希望营造一种比较轻松的气氛，也可以用一些优美的大张图画来代替。

会议桌上可以不放物品，如果确实觉得太空旷，可以放一两盆人造花或盆栽植物。除此之外，相关人员还可以根据具体情况在会议室中放置所需的其他物品，如饮水设施、视听设备、展示企业荣誉的橱柜等。当然，会议室不是展览室，除了必不可少的物品，其他的理应越少越好。

2. 企业间的谈判会议

企业间谈判会议的会场布置与普通会议室大致相同，但需要注意的是，如果是两方会谈，最好使用长方形或椭圆形的桌子，这样可以让双方明显地位于相对的两边，增强谈判的严肃性。如果是多方会谈，最好使用圆桌，以示平等。

另外，桌子上应尽量不放置其他物品，以免干扰双方的视线。如果需要投影幕布，一定不能放在某方的背后，而应放在双方的一侧。其他注意事项与企业内部会议的会场布置基本一致。

3. 大型会议

大型会议需要营造出庄严、肃穆的气氛，会场布置比其他会议要复杂一些。下面对大型会议会场各个部分的布置进行介绍。

（1）主席台的布置。大型会议一般都有主席台，并且往往是会议的焦点，所以主席台的布置是大型会议会场布置的重点。主席台上的会议桌和座椅一般放置在台上正中偏外一些的位置，会议桌上一般需要铺上台布，上置话筒、座签、茶杯、鲜花等各种台上必备物品。如果有发言席，可以设在主席台座席左侧位置并安置话筒。如果需要进行投影展示，应当在发言席后放置投影仪，但注意不要让发言席挡住投影幕布。在主席台的上方或背后悬挂的写有会议名称的横幅，一般使用红底白字。

（2）会场整体布置。大型会议的会场入口处应有接待处或签到处；会场的两边有工作台，提供材料或饮水；座位应有明显的区分，如媒体席、VIP贵宾席等，或按照与会者单位的不同有所区分；如果需要录像，则在会场的中央偏前处放置摄影机。另外，还应特别注意安全出口是否畅通和卫生间位置是否有清晰提示。

总的来说，会场布置一般以简单、必要为原则，布置的物品都应当有其必要性，以烘托会议气氛，为会议进程提供方便。太花哨的布置容易导致与会者分心，造成喧宾夺主的后果。

关键点提示

会场布置一般包括：

1.企业的会议室布置；2.企业间谈判时的会场布置；3.大型会议的主席台布置、会场整体布置。

1.19　如何安排会议现场的电子设备

工作场景描述

当会议现场需要使用电子设备时，相关人员可查看。

解读与分析

随着现代电子和信息技术的发展，日常的工作生活已经离不开电子设备了。很多会议也需要电子设备的辅助，其已成为很多会议必不可少的一部分。下面按照会议地点来介绍对所需电子设备的安排。

1. 企业的会议室

企业的会议室由于需要长期使用，因此应配有以下常用的电子设备。

（1）扩音设备。扩音器的功率要和会议室的大小相适应，一般每个会议室有3~4个扩音器即可，将其均匀分布在会议室内。扩音设备不但可以大幅度地提高发言者传递信息的效率，而且可以在会场出现场面混乱时会议主席或发言者成功地控制会场局势方面发挥极大作用。

（2）投影设备。投影设备一般包括电脑、投影仪、投影幕布以及相关的传导线。投影仪多为可移动型，可在投影幕布前2~4米处安装。

（3）视听设备。虽然现在投影设备一般都可以替代视听设备，但如果条件允许，还是应当配有一套视听效果极佳的视听设备。

2. 大型会议场地

大型会议由于场面较大，所需的电子设备不但数量多，而且种类多。专门的会议场地一般都有相应的设备，现仅做简明扼要的介绍。

（1）扩音设备。大型会场上的扩音设备特别重要，绝大多数的大型会场都安装有扩音设备。相关人员要将扩音设备调试好，要特别注意音量，声音小不容易让听众听清，听众会因此窃窃私语或昏昏欲睡；声音过大又会令听众不适和反感。相关人员调试时应在不同的座位上试听，以确保音量合适。

（2）投影设备。对于大型会场投影幕布最适宜的面积，一个简单的参考标准是普通的6平方米的投影幕布，适用于1000平方米左右的会场；如果会场大于1000平方米，要想让与会者看清投影内容，就需要相应地增大投影幕布的面积。

（3）其他设备。其他电子设备，如录音录像设备等，相关人员可以根据实际情况酌情安排。

关键点提示

会议现场的电子设备一般包括：

1.扩音设备；2.投影设备；3.其他设备。

1.20　如何准备会议所需的资料

工作场景描述

当想令会议讨论的内容更翔实、可靠时，可查看。

解读与分析

召开会议的目的是召集与会者对议题进行讨论，并做出决议。若想会议进行充分的讨论，仅仅依靠与会者的记忆是远远不够的，还需要大量的资料。会议所需的资料一般有以下几种。

1. 发言稿

会议中，与会者有大量的发言，其中主席等人的发言是最重要的。特别是在一些大型的会议上，重要的内容就是公开发言。所以，发言者不但要有一定的口头表达能力，而且要使发言稿既简明扼要、重点突出，又深入浅出、通俗易懂。

一般来说，发言稿都由发言者本人撰写，即使他人代写，也要让本人审核，这样才能保证发言内容符合发言者的意愿。少数形式化的发言，可以由别人直接代写，如贺词等。

2. 公开资料

对于大多数与会者来说，会前他们并不了解其他与会人员对于议题的理解和看法，所以会议开始前，应允许一些与会者分发他们的资料，但这样做可能会使会场秩序比较混乱。组织者最好提前向各个与会者发出通知，让他们提交自己需要分发的资料，然后由组织者统一分发。从有效传递信息的角度而言，无论是其他与会人员的资料，还是组织者自己的资料，都应当提前装入材料袋，避免因临时分发资料而导致会场秩序混乱。

另外，如果会期较长，组织者还应当将会议日程及其他安排印制成资料分发给与会者，使与会者能比较清楚地了解会议安排。

3. 对外新闻稿

现在的大型公开会议，越来越重视媒体的宣传作用。善用媒体渠道，可以低成本地向大众进行宣传，扩大会议组织者与参与者的影响力。企业向媒体提供信息的最主要方式就是对外新闻通稿。新闻通稿应由组织者提前撰写，包括会议的议题、组织者、参与者以及主要内容等部分。新闻通稿可直接发表，所以应力求语言流畅、通俗易懂，最大限度地避免出现深奥难懂的专业性词汇。

会议资料虽然只是起到辅助作用，但由于其具有不易更改的特性，因此相关人员在准备时应当小心谨慎，以保证内容准确。

关键点提示

会议需要准备的资料有：

1.发言稿；2.公开资料；3.对外新闻稿。

1.21 如何选择会议记录者

工作场景描述

当希望选择一位合适的会议记录者时，可查看。

解读与分析

就对会议的控制而言，会议记录者的地位可以说仅次于主席，其职责包括记录会议内容、维持议程等。水平高的会议记录者可以提高议事效率，水平低的会议记录者则往往事倍功半，增加误会，浪费时间。选择会议记录者的步骤如下。

1. 筛选会议记录者

并不是每个人都适合担任会议记录者，即使是反应敏捷的人，也未必真能做好这项工作。称职的会议记录者不仅能仔细聆听发言，而且能准确复述所听到的内容，记录好与会者的发言。会议记录者要客观地记录下他人及自己的看法。

所以，企业筛选会议记录者时，除了要观察其是否确实具备聆听、互动、发表意见等方面的能力，还要确保其有良好的组织、综合、比较等方面的能力。在会议过程中，会议记录者有义务适时帮助其他与会者系统地陈述意见及遵照议程进行讨论，例如询问与会者："我们就这部分先达成共识，再往下讨论，好吗？""这是您提出的意见吗？"

会议记录工作的重要性仅次于会议主持工作，可由具有担任会议主席潜力的与会者来负责，培养其主持会议的能力。

2. 明确工作内容

筛选出来会议记录者后，相关人员还应当向其明确会议记录者的工作内容。

会议记录者的首要工作，就是准确、及时地记录会议上的发言、讨论和结论等内容，包括：讨论过程中达成的各种共识、支持此项议案通过的证据及反对意见、分派工作的详细情形及要求的完成日期。

会议记录者还有一些记录以外的责任，例如：要及时指出令人困惑的发言，请该发言人解释清楚；适时做好总结，协助讨论进行；向与会者确认各议案的排序是否无误等。

3. 给予建议

会议记录者工作时，相关人员还需要给予其一些会议记录的建议：重要的会议应录音，从而使整理会议记录时有所依据；除非有必要，定期召开的会议通常不用录音，因为花费时间记下的详细发言内容可能毫无用处；会议记录者的笔记最好流畅，易于理解，确保不失真；会议记录者应与主席共同修正会议记录的错误部分；会议结束后，重新整理所记录的内容，将整理后的会议记录归档。

大多数会议应指定一位会议记录者，主席最好不要兼任此项工作。由于会议记录者在会上的作用仅次于会议主席，因此相关人员选择好会议记录者之后，还应当对其进行简单的培训，使其真正胜任会议记录的工作。

关键点提示

选择会议记录者的步骤如下：

1.筛选会议记录者；2.明确工作内容；3.给予建议。

1.22 如何评估会议准备阶段的工作

> **工作场景描述**
>
> 当希望了解会议准备阶段工作的效果时，可查看。

解读与分析

评估会议工作绩效的内容，一般分为会前、会中、会后三阶段，即会议准备、会议进行和会议结束。其中，评估的重点是会议准备和会议进行两个阶段。

对会议准备阶段工作的评估主要按照以下内容进行。

1. 主题相关性和目标明确性

虽然评估工作要等到会议结束后才能进行，但对主题相关性的评估仍有必要先行一步。有时，与会者会抱怨会议的主题与会议本身联系并不紧密，组织者收集与会者对于会议主题的反馈意见，将对以后会议主题的策划有很大帮助。

相关人员在主题相关性评估工作中，可以提出如下问题：会议主题是否和会议本身紧密相关？会前活动是如何传达会议主题信息的？会议主题在会议策划中是如何体现的？

会议目的的明确性也可作为评估的对象，除非会议具有某些具体的行为指标或是例行的年会。在前一种情况下，确定会议目的的人应该负责对相关的评估工作进行策划。在后一种情况下，会议的目的是非常明确的，无须评估。在其他情况下，对会议进行目标明确性评估有利于合理制订以后的会议目标。

在此种评估工作中，相关人员可以提出这样一些问题：与会者对会议目标的理解程度如何？会议目的向与会者传达得怎样？

2. 会议议程设计

会议议程安排的合理性，同样是需要重点评估的对象。由于会议主题和目的主要是依靠会议议程来实现的，并且与会者的参与度在很大程度上受到会议议程的限制，因此主要评估内容有：会议议程安排是否突出了主题和重点？其是否有助于实现会议目标？议程之间是否衔接得很紧密？各个部分的先后顺序是否恰当？

3. 会议整体策划

相关人员对会议整体策划的评估，即对多方面的策划工作进行评估，如时间、地点等的安排，与会者的筛选以及主席的选择等。对会议整体策划进行评估，是会议准备阶段评估工作的重点。

对会议整体策划进行评估时，相关人员不但要对时间、地点等各项策划进行评估，还需要对整体策划本身进行评估。有时组织者在对会议的时间、地点等的策划中，并没有明显的错误，但整体效果并不会令与会者满意。当出现这类问题时，仅仅让组织者自己来判断和更正是不太容易的，站在与会者的角度判断和更正才是最为合适的。

对会议整体策划进行评估的内容主要包括：会议举办的时间、地点、长度等是否合适？会议设施是否可靠？与会者是否都能到会？会议主席是否称职？

4. 会议服务

对会议服务的评估主要是对会议服务准备的周到性进行评估。对会议整体策划的评估一般是对会议物质条件的评估，如果说会议整体策划是会议的“硬件”，那么会议服务则是会议的“软件”。

对会议服务的评估，内容包括：会议通知是否及时？通知的内容是否准确、清楚？为会议准备的必要食宿是否妥当？现场的会议服务是否优质？工作人员的服务质量是否令与会者十分满意？为与会者准备的会议资料是否完备等？

对会议准备阶段进行评估，是对整个会议工作进行评估的第一步。其方式和内容都将对后两项评估工作起到示范性的作用。

关键点提示

对会议准备阶段工作的评估的内容包括：

1.主题相关性和目标明确性；2.会议议程设计；3.会议整体策划；4.会议服务。

1.23 如何评估会议进行阶段的工作

工作场景描述

当希望了解会议进行阶段工作的效果时，可查看。

解读与分析

会议进行阶段是整个会议工作的重点阶段，对这个阶段工作的评估同样是整个会议评估工作的重点。一般来说，对会议进行阶段工作的评估是根据会议主席的表现，会议议程的执行程度，以及与会者的参与程度来进行的。

1. 会议主席的表现

会议主席的表现是会议是否成功的关键因素，所以对会议主席的工作表现应当进行详细而恰当的评估。对会议主席的表现进行的评估，可以从以下方面开展。

（1）会议主席在会议开始时的表现。该部分评估内容包括会议主席的自我介绍、对与会者的介绍等。

（2）会议主席控制会议的能力。会议主席应对会议的进行阶段有很好的把控能力，能够有效控制会议场面。其评估内容包括：会议主席对发言者讲话时间的控制，对与会者情绪的控制，应对会议上反对者的态度，化解与会者之间意见冲突的能力，及时处理会议上破坏者和行为特别者的行为的能力等。

（3）会议主席发言的水平。会议主席有可能成为会议中发言时间最长的人，会议主席的发言水平对会议的结果有着极重要的影响。对会议主席发言水平的评估，主要从会议主席发言的总时间、组织性和流利程度，插话的时机是否恰当和内容是否合适等方面入手。

（4）会议主席整合决议的能力。会议是否能达成决议往往取决于会议主席整合决议水平的高低，所以会议主席整合决议的能力同样是评估其表现的重要指标。主要评估内容有：对与会者观点的包容性，对众多观点的整合能力，对会议决议的概括能力等。

2. 会议议程的执行程度

会议能否严格按照会议议程进行，往往决定了会议最后能否取得预期的成效。设计会议议程的目的，就是帮助会议主席和其他与会者形成一条明确的指向会议目标的路径，切实保证会议在一定的范围内顺利进行而不致偏离方向。

对会议议程的执行程度进行评估的内容包括：会议议程的设计水平，会议议程的执行情况，会议是否出现了离题现象，会议讨论的深度和广度等。

3. 与会者的参与程度

与会者参与会议的积极性是影响会议成败的重要因素。与会者参与程度高，会议讨论自然会深入下去，也会激发与会者的创新思维；与会者参与程度低，会议就会相应地缺乏内容，只能流于形式。所以，相关人员需要对与会者的参与程度进行评估。

评估与会者参与程度的内容包括：与会者的观点数量、肢体语言、发言的积极性、发言长短、对其他意见的认同性、对议题的认可度、对会议主席的态度等。

4. 会议进行的其他问题

会议进行中，可能会有其他问题影响会议结果，如会议中出现分歧后的解决程度，会议进行中是否受到其他因素的干扰等。

对会议进行阶段的评估，内容烦琐而复杂，相关人员需要将各种因素整理清晰，一一评估，以得到翔实的结果。

关键点提示

对会议进行阶段进行评估的内容有：

1.会议主席的表现；2.会议议程的执行程度；3.与会者的参与程度；4.会议进行的其他问题。

1.24 如何评估会议结束之后的工作

工作场景描述

当需要评估会议结束之后的工作时，可查看。

解读与分析

会议结束并不意味着会议工作全部完结，会后工作同样重要。对会议结束之后工作的评估，实质上就是对会议效果的评估。

1. 与会者对会议决议的认可度

做出会议决议，意味着会议主要任务完成。做出的决议能否得到与会者的认可，是评估会议效果的重要因素。

与会者对会议决议的认可度，首先取决于对决议内容的认可度：是否认为决议内容实现了召开会议的目标？是否表达了大多数与会者的观点？是否具有可操作性？

除了内容以外，相关人员还需要对与会者对决议形式的认可度进行评估。决议应语句简练，意图清晰，既包括必需的内容，又不能烦琐，不可语句冗长且主次不分。因此，与会者对决议形式的认可度，也是评估会议结束后工作的重要方面。

2. 决议的执行情况

会议决议不是做出来摆样子的，而是需要切实执行的，所以，决议的执行情况自然成为评估会议结束之后工作的重点。决议的执行情况往往取决于与会者在实际工作中对决议的执行情况，所以与会者对此最有发言权。

评估会议决议的执行情况时，主要从这几个方面进行：与会者是否按照决议要求开展具体工作？其按照决议开展工作后是否达到了预期的结果？在执行决议中出现了什么样的问题？

3. 会后的其他问题

当然，会后的其他问题同样需要相关人员评估，例如，会议结束后是否及时请与会者积极参与评估，就是需要相关人员进行评估的一项内容。另外，还有会后资料的补充完善、组织者与与会者的再交流等问题。

会议结束之后的工作并不是会议评估工作的重点，但需要注意的是，跟踪调查会议决议执行情况是会后评估工作十分重要的部分。

关键点提示

会议结束之后的工作可以从以下三个方面进行评估：

1.与会者对会议决议的认可度；2.决议的执行情况；3.会议的其他问题。

第2章

企业行政文书处理常见问题

文书在企业的经营活动中被广泛地运用，它起着传递信息的重要作用。文书管理工作内容广泛，是个既传统又包含大量现代科技内容的领域，特别是音像电子等媒介的加入，使文书管理、档案管理等具有了全新的内涵。因此，建立一套完整规范的文书管理制度，使之系统化、科学化，提高工作效率，是每个企业在现代经营管理中的一项重要任务。

2.1　文书管理原则是什么

工作场景描述

当需要了解文书管理的基本原则时，可查看。

解读与分析

企业掌握了文书管理的基本原则，就把握住了文书管理的基本特点。一般来说，文书管理应当遵循以下几条原则。

1. 简洁明了

文书是用来传递信息的重要工具，简洁明了的文书表达形式有利于信息的准确传达和信息接收方的准确接收。例如，文书用第一章、第一条等类似的章节体表达方式，更有利于清晰表达相关事项。

一般来说，文书应该一事一文。文书标题的拟定也应遵循简洁明了的原则，使其能够准确、明确地表达文书内容。

2. 准确及时

文书都具有及时、有效的特点，一般针对特定的人和特定的事情。信息只有在最短的时间内传送出去，才能真正地发挥其作用，以提高企业的行政管理效率。这也是文书管理的本质所在。

由于信息的准确离不开文书的准确表达，因而文书管理过程中绝不可以为了求快而放弃文书的生命——准确，特别是对文书中引用的其他文件，相关人员应该注明其出处。

3. 严格保密

文书的内容关系到一个企业日常管理的方方面面，许多甚至关系到企业发展。这就决定了文书的管理应该具有保密性。一些机密文件的保管，更应该是管理中的重中之重。

文印室人员应该树立严格的保密意识，不得随意泄露本公司的商业秘密，不得私自截留任何文件。

4. 统一管理

文书应由专门部门的专门人员统一管理。

5. 注重程序

文书的受理、制发、归档有着严格的程序规定。在日常管理中，相关人员只有严格依程序办事，才能最大限度地简化文书管理，使之行之有效。

文书管理效果的优劣往往取决于文书管理人员的素质高低。文书管理人员只有严格按规则办事，才能达到事半功倍的效果。

关键点提示

文书管理应遵循的基本原则：

1.简洁明了；2.准确及时；3.严格保密；4.统一管理；5.注重程序。

2.2 如何设置文书管理部门

工作场景描述

当需要设置文书管理部门时，可查看。

解读与分析

企业要想高效运行，就必须合理设置部门。企业只有分工明确，才能形成统一化、专业化的管理模式，做到企业上下围绕企业目标共同努力，步调一致。那么，如何设置文书管理部门呢？哪些部门适合承担此任务呢？

1. 总收发部门

总公司各部门与外界来往文书的收发由总务部门统一办理，分公司（分厂）文书的总收发由其所属总务部门办理。总收发部门负责文书的收受及发送。

2. 管理部门

各个部门的管理分工不同，依照其不同的职能特点，企业可以让它们承担不同的管理任务。例如，各企业总经理办公室，负责管理各部、室、中心及以企业名义与外界来往的文书；各业务部门的最高主管部门，负责管理各自部门的文书。

3. 主办及会办部门

（1）资料须报送企业主管部门的，由企业总经理办公室或独立厂区的管理部门主办，法律事务室会办。

（2）资料须报送外汇、贸易主管部门的，由资材部主办，法律事务室、财务部会办。

（3）资料须报送新闻媒体的，由秘书室主办。如果资料涉及企业业务、政策事项，相关人员应先报请董事长核定后才能对外发布。

（4）资料须报送股东及一般客户的，由企业总经理办公室主办，但编印前必须先知会法律事务室。

（5）资料须报送金融机构的，由财务部主办；须报送税务主管部门的，由企业会计处主办；须报送商业及证券主管部门的，由各企业总经理办公室或证券办主办。

总而言之，企业一定要本着必要的原则，确定文书管理部门。

关键点提示

文书管理设置的要点：

1.总收发部门；2.管理部门；3.主办及会办部门。

2.3 如何进行文书的行文

工作场景描述

当面对不同的发文对象，需要选用不同的文书形式时，可查看。

解读与分析

企业在日常行政管理过程中，要面对各种发文对象。发文对象不同，文书的写作方式也不同。文书写作绝不能千篇一律，如同在不同的场合人们会有不同的着装，见到不同的人说不同的话一样，这既体现了格式的规范，也是对发文对象的尊重。

1. 公文类别

（1）公告：就主管业务向公众或特定对象宣布时使用。

（2）公函：发布规章或临时性规定，对机关团体、企业行文，企业与企业之间及企业内各部门间行文时使用。

（3）便函：在企业、部门间进行业务接洽时使用。

（4）签呈：下级对上级请示或报告时使用。

（5）表格式公文：用于政府机关规定的表格式公文及企业人事令等，相关人员可依实际需要印为固定格式使用。

（6）其他：司法文书依司法部门规定程序行文；合同文书依法律、法规的规定行文；会议记录及例行报表等不必行文。

2. 行文权限划分

行文时名义不同，署名就会不同。那么，如何判别署名的正确性呢？这就要求划分不同的行文权限。

（1）以董事长署名行文者，应送董事长审核执行。以总经理署名行文者，应送总经理室转呈总经理审核执行。

（2）以企业名义盖用企业公章行文者，应由经理级人员审核执行。

（3）总管理处各部室、中心代表企业对外行文时，须由该部门经理（主任）审核执行；以事业部经理署名行文者，应送经理室转呈经理审核执行。

（4）以部门名义行文者，应由部门主管审核执行。

（5）因专案业务需要，如进出口、税务、劳保、投标等，使用企业名义且须盖用董事长或总经理的业务专用章者，行文时应由该业务主管部门主管在授权范围内核准后方能盖用。

（6）固定格式行文者，应由署名的主管对原稿进行审核后，授权业务主办部门主管依式行文。

总之，文书行文有着特定的规范，写作者必须遵守这些规范，才能使文书合理，准确地发挥作用，减少麻烦。

关键点提示

文书行文时要特别注意：

1.公文类别；2.行文权限划分。

2.4　如何收发文书

工作场景描述

当各种文书纷纷到达企业，需要进行分门别类的整理时，可查看。

解读与分析

在现代经济社会，信息交流变得越来越重要。各种文书纷至沓来，文书管理人员如何做才能避免手忙脚乱呢？这就需要其熟练地掌握文书的收发技巧。

1. 文书收发部门

文书收发工作，企业一般会让总务部来负责，有些企业还特别要求总务部文秘室统一接收处理。企业各部、处、室都要设文书负责人，负责本部门文件的分发、保管工作。文书管理部门还须设立一名信使，负责在各部门之间传递各类文书，以使文书在各部门之间顺畅流通。

2. 文书收发要求

（1）一般文书启封后，分送各部门、科室。

（2）私人文书不必开启，直接送收信人。

（3）送各部门、科室的文书若有差错，相关人员必须立即将其退回到文书收发部门。

（4）文书启封后，注明收发编号和收发日期。

（5）文书当事人必须签名盖章领取文书。

（6）绝密文书或亲启文书，必须直接送交当事人，由文书当事人开封处置。

（7）文书中夹带的所有附属物品，必须原样送到当事人手中。

3. 须登记的文书

（1）在一般文书或送交部门的普通文书中，相关人员判定是重要文书或者夹有重要物品的文书。

（2）专人送达的文书。

（3）标有“绝密”类或“亲启”类字样的文书。

4. 规定时间以外的文书接收

在规定时间以外接到文书时，如果值班人员能够判定是紧急文书，或者是直接写给企业高层领导的文书，应该立即通知秘书室主任；对于其他次重要文书，值班人员只需通知收发室主任，按其指示处理即可。

总之，文书的收发需要注意大量的细节，相关人员必须明确相关程序和步骤，如此才能有条不紊，使文书收发工作有序运行。

关键点提示

收发文书时要做到：

1.设置专门部门；2.注意文书收发要求；3.部分文书需要登记；4.规定工作时间外送达的文书要注意查收。

2.5 如何寄发文书

工作场景描述

当需要寄发文书时，可查看。

解读与分析

企业的各个部门和业务伙伴可能不在同一个地点。面对距离较远的文书对象，企业应该如何传递文书呢？在这个时候，企业不得不用邮寄的方式将文书送到对方的手中。以下寄发文书的方式可供企业参考。

1. 寄发要由专门部门负责

寄发一般文书时，由各部门、科室有关人员封缄之后，直接送交文秘室统一寄发。文秘室汇集所有待发文书，做好文书发送登记。待发文书必须在规定时间内送出去。特快专递等必须及时发出。

2. 重要文件加盖印章

对于机密或亲启文件，文秘室必须加盖“绝密”“密”“亲启”等字样的印章后发送，并给发文部门、科室或发文者以必要的回复。

对于其他重要快递文书，文秘室必须加盖“专递”“面呈”“快递”等字样的印章，并给发文当事人以必要的回复。

3. 费用统一开支

邮费等费用由文秘室统一开支。文秘室须按月结算全部相关费用。

总之，寄发文书是个需要通盘考虑的问题，相关人员要确保文书快速、妥善送达。

关键点提示

相关人员邮寄文书时应该注意：

1.寄发要由专门部门负责；2.重要文件加盖印章；3.费用统一开支。

2.6 如何处理文书

工作场景描述

当面对不同种类的文书需要区别对待时，可查看。

解读与分析

在企业文书的日常管理活动中，文书管理人员每天都会接到许多不同种类的文书，它们各自有不同的作用，可以说都很重要。文书管理人员要有慧眼识珠的本领，善于分析各类文书在特定时刻、特定场合对特定人员或部门等的重要程度，以便采取不同的方法对其进行处理、分类，真正提高文书管理效率。

1. 普通文书处理原则

普通文书的审阅、回复以及其他必要的处理由一定级别的主管负责，或者由其指定下属具体处理。工作过程中，相关人员遇到重要事宜要立即向上级主管部门报告，按上级指示办理。文书内容涉及其他部门或必须经过其他部门配合才能完成的，相关人员应与对方达成一致以后才能行事。

2. 重要文书处理原则

机密文书原则上应该由当事人自行处理。亲启文书信封上一般会注明文书所涉及事项的要点和发文者姓名，由发文者缄封，原则上应该由信封所指名者开启，其他人不得擅自处理。

3. 成文原则

凡是重要的企业交涉活动，都必须形成文书或记录。对于那些并不重要的事项，或者通过电话、会面等简单形式处理的事项，相关人员只需要事后将处理结果的要点记录下来即可。

4. 防止拖延

文书处理过程中很容易出现延迟或停顿的情况，文书管理部门有责任督促其他有关部门及时处理文书指定的事项，以防止文书被搁置的情况发生。一旦拖延的情况发生，文书管理部门应立即将文书催回，再做相应处理。

总之，文书处理的每个环节都应该坚持准确、及时的原则，明确文书处理的责任者。

关键点提示

相关人员处理文书时应该注意：

1.普通文书按上级指示处理；2.重要文书本人亲启；3.成文原则；4.坚决杜绝拖延。

2.7　如何请示审批

工作场景描述

当不知如何请示审批时，可查看。

解读与分析

请示审批是企业经营中的一项重要程序。凡是企业经营的重要事项，下级都必须向上级请示，在获得相关权利人审查、裁决和公文批复之后，方能执行。这是由企业内部严格的层级制决定的。唯有如此，企业才能形成上下意志统一、步调一致的局面。

1. 可以请示审批的情况

（1）各种制度性变更。

（2）与政府机关有关的各种重要请求的回执、申请等。

（3）诉讼行为。

（4）重要契约的缔结、变更与解除。

（5）重要人事安排。

（6）大额馈赠、谢礼以及宣传广告费用的支出。

（7）预算、决算事宜。

（8）土地、建筑物等生产资料的购买与转让。

（9）借款、贷款以及借贷银行账户的开设与变更。

（10）重要或高额物品的采购，不急用或不需要物品的转让或廉价出售。

（11）分支机构的增减。

（12）有关经营的重要计划与企划。

（13）定期或不定期的刊物发刊、修改与废除。

（14）有关费用开支的修订。

（15）其他问题。

2. 审批事项的书写要求

（1）请示审批的事项必须采用提案文书的形式，如果事情紧急，允许先直接以非文书的形式请示，但是事后必须尽快撰写请示提案文书。

（2）请示提案文书的内容一般包括标题、正文、理由、说明和附录。请示提案文书应该一式多份，分别送达有关部门，如财务部、业务部等。

（3）请示提案文书必须注明起草者或请示者所属分支机构及部门，由本人签名盖章，并且进行编号，以形成有序管理。

（4）当上级认可该请示审批内容并做出相关决定后，则以请示提案书（副本）替代原件批复返回，并要求有关部门予以执行。

总的来讲，请示审批重在程序，相关人员的工作重点应放在对程序的理解和遵守上，做到程序合法、内容适当。

关键点提示

请示审批时要注意：

1.可以请示审批的情况；2.审批事项的书写要求。

2.8　如何制作文书

> **工作场景描述**
>
> 当需要制作文书的时候，可查看。

解读与分析

文书内容是发文者意图的体现，文书的制作过程是完整表达发文机关意图的过程。清晰而明了的表达对上级机关意思的准确传达起着至关重要的作用。制作文书也有特别的规定，它绝不是文字的简单叠加。

1. 注意事项

（1）一事一文，措辞准确。

（2）文书的起草要征得相关部门的同意，定稿前须经分管经理审核，审核者要对文件形式和内容进行审查，并加以修改。

（3）内容明晰。除有特殊规定外，文书应该包括以下事项：文号、发文日期、发文机关（发文者）、收文机关（收文者）、标题、拟稿人、有关责任人，以及请示审批者姓名。

（4）重要文书须经公证，并附上具有法定效力的证据或证明文件。

2. 文书编写要求

（1）用纸规格：一般采用A4纸，特殊情况下也可用其他规格的纸张。

（2）文体选择：一般用书面文体。

（3）文号的编写：内部文件可注明本部门代字或代号，连续性文件应注明连续号；对外行文时要标明本企业代字或代号。

（4）写法：文件第一行通常写文号，第二行写文书标题，第三行写制发年月日、制发者名称，再下一行写收文者的姓名，之后一行写文书内容。

①经理发出的指令性文件，应有收文单位的名称，有时还会写上文号和制发年

月日。

②对于复审呈报的文件，在文件末尾隔一行处写复审件的号码、必要事项、年月日及复审者姓名，以作证明。

3. 文书署名要求

（1）内部文件署部门负责人的姓名和职务。

（2）对外以企业名义发文时，署本企业名称。

（3）对外以企业名义缔结合同时，署名“董事会代表”。

（4）不重要的文书，只需署上经办人姓名即可。

4. 标志注明

根据文书重要性的等级，文书上应该分别注明“传阅”“参考”“急件”“秘密”“机密”“绝密”等字样。文书信封上也可以特别注明“亲启”字样，以要求收文者亲自打开文书。

5. 副本

文书一般保存两份副本，但是绝密文书未经主管认可时不得擅自制作或复印副本。在特殊情况下，相关人员还须注明包括正本、副本在内共多少份，送往何部门等。

总之，文书制作水平的高低关系到相关意图的传达是否准确，相关人员千万不能大意。

关键点提示

文书制作的要求：

1.制作文书的注意事项；2.文书编写要求；3.文书署名要求；4.文书要注明标志；5.对文书副本的有关要求。

2.9　如何整理保存文书

工作场景描述

当需要建立完整的文书整理保存机制时，可查看。

解读与分析

每天企业都要面对不同的事务，都需要处理不同的文书，这就意味着每天都会有许多已处理过的文书失去它的现有价值。但文书的使用绝对不是一次性的，目前经过处理，绝不意味着今后不再使用，不可以把使用过的文书丢弃。这就涉及文书的整理和保存问题。

1. 文书整理

文书，一般包括合同文件、档案文件等涉及企业日常来往的公文。它的整理主要包括两方面的工作，一是给诸多文件分门别类并做好标记符号，以方便查阅，二是将需要整理的文件按照机密级别做分类标记，不同文件的翻阅权利不同，有着级别限制。文书整理工作的细节可以参照如下几点。

（1）文书编号问题。通常采用部门名称首字加数字序号的形式。如销售部2020年4月销售合同可以整理编号为“销–202004”，其中2020年4月的数份合同可以按照合同内编号进行顺序排列。

（2）文书翻阅权利按照秘密级别划分，一般以绝密、机密、秘密等字样表示。秘密级别的设定根据企业的需要设定，如果将上文销售部门的合同定为“秘密”级别，那么2020年4月的合同文书编号可以标注为“销–秘密–202004”。

（3）建立文书整理登记簿，也就是给冗繁的文书做目录，以方便查找。

（4）在文书整理中，可以根据查阅频率分为不经常查阅和经常查阅两类，可以将它们分门别类地区别对待。这样做可方便查阅文书。

2. 文书保存

文书经过整理之后，一些为数不多的重要文书，在一定的期间内可能还留在责任部门、科室。不重要的文书可以直接送总务科保存。所有失效的文书，都必须最终移交总务科，并且相关人员须在“文书保存簿”上做好登记，归档保存。

（1）文书的保存年限，主要分为以下几种。

①永久保存的文书，包括章程、股东大会及董事会议事记录、重要的制度性规定，重要的契约书、协议书，股票关系类文书，重要的诉讼关系文书，重要的政府许可证书，有关公司历史的文书，决算书和其他重要的文书。

②保存10年的文书，包括请求审批提案文书，人事任命文书，奖金工资与津贴有关的文书，财务会计账簿、传票与会计分析报表，不在永久保存范围内的重要文书。

③保存5年的文书。

④保存1年的文书，指无关紧要或者临时性文书。如果是调查报告原件，则由所在部门主管确定保存年限。

（2）重要文书的保管：重要的机密文书，一律存放在保险柜或带锁的文书柜中。

（3）保存期满以及没有必要继续保存的文书，经主管部门决定，相关人员填写废除理由和日期后予以销毁。

（4）职能部门变更或者做出调整后，相关人员必须在有关登记簿上注明变更与调整的理由以及变更与调整后的效果。

（5）对于重要文书的借阅，借阅人必须出具借阅证明。

总之，文书整理是文书管理的重要环节。相关人员面对这样的工作时，一定要细致入微，做好每一个细节，以避免因小疏漏而带来大错误。

关键点提示

文书的整理保存包括：

1.文书整理；2.文书保存。

2.10　如何合理安排写作步骤

工作场景描述

当准备开始文书写作时，可查看。

解读与分析

文书虽然种类很多，但是通常会有相对固定的写作步骤。按照这种步骤写作，文书不但可以更加规范准确，而且有利于实现有效写作。一般来说，文书的写作分为以下五个步骤。

1. 明确写作目的

写作之前，写作者一定要先确定好写作目的。通常情况下，文书写作主要是为了完成如下几种任务。

（1）通知传达，如通知、月报、工作报告、人力资源信息等。

（2）说服对方，如提案、申请、商务广告等。

（3）指导建议，如商品说明书、项目建议书、倡议书等。

（4）做记录，如个人总结、会议记录、谈判备忘录等。

此外，一些文书还有签订契约、制订规则等目的。

研究表明，如果写作时确定一个明确的目标，会比兼顾多个目标更有效率。所以，除去一些不得不实现两个甚至两个以上目标的特殊情况外，写作者应该在每篇文书中确定单一目标，特别是在信件、备忘录、电子邮件等类似的文书写作中，这样做可以取得更好的效果。

2. 制订写作提纲

在写作之前明确目标后，为了进一步厘清文书的脉络，写作者最好先列出一个提纲。当然，提纲并非一定要严格遵守，因为在写作过程中可能还要根据实际情况做适当的调整。

在列提纲的过程中，写作者可以先把能够想到的零星想法都写下来，再集中精力设想各种分论点，排出最理想的顺序。

下面是几种组织论点的方式。

（1）按时间顺序，适合指导建议类文书的写作，也适合记录性文书的写作。

（2）先重后轻，适合通知、传达类文书的写作，也适合那些读者只关心最终结果文书的写作。

（3）先轻后重，比较适合说服建议类文书的写作。

有了明确的提纲，写作者就可以根据需要，选定写作所需要的材料了。

3. 正式开始写作

写正文前，写作者如果还不认识、不了解读者，最好先假想一下即将面对的读者有哪些特点。

当写作者头脑中有了读者的形象，就可以用提纲做指导，在与他们的“对话”中，自然而然地往下写。这种方法会使文字变得生动而有效，自然地形成一种风格。要做到这一点，写作者要牢记与读者达成共识的四个要素：了解读者的相关信息、检查文字的易读性、避免写作前对读者做出不必要或过高的假设、站在读者的立场上写作。

关于语言，这里有以下几个建议。

（1）尽量使用简单的语言。

（2）避免使用可能引起误解的模糊词句。

（3）句子要简短。

4. 文书修改

写作者要从读者的角度阅读文书，必要时可以大声朗读一下。对自己严格一些，手要狠一些，不要吝惜整段删改。如果修改的地方过多，写作者就要注意了，这说明计划可能做得不是很好，下次要多加小心。

5. 检查

写作者要通篇检查文书用词的准确性、逻辑合理性和标点正确性。英文写作中，写作者还要注意如语法、拼写的问题。

当然，这里讲的只是文书的一般写作规范，写作者不必机械地模仿，可以根据实际情况做适当的调整。

关键点提示

合理的写作步骤包括：

1.明确写作目的；2.制订写作提纲；3.正式开始写作；4.文书修改；5.检查。

2.11　如何体现文书的主旨

工作场景描述

当需要明确突出文书的主旨时，可查看。

解读与分析

文书的主旨，就是通过使用具体材料描述出写作者所要表达的中心思想、基本观点或者要说明的主要问题，是写作者对商业事务的见解、评价和态度。

1. 明确要求

写作者要明确对文书主旨的要求，主要包括以下三点。

（1）符合政策、法令，否则就不能在商务活动中发挥有效的作用。

（2）符合上级意图，即符合上级的基本目的、基本要求和基本主张。

（3）单一、鲜明，有强烈的针对性。这与确定单一的写作目的是相通的。

2. 显旨方法

文书只有明确了对主旨的要求，才可以有效地显旨。以下是文书体现主旨的几种常用方法。

（1）标题点旨。标题即具体文书的名称，用标题概括、点明主题，即为标题点旨，这是比较常见的方法。

（2）开门见山。文书开头唤起读者兴趣，使其在脑子里先有一个总的概念，吸引读者不得不继续看下去。这主要表现为开头使用主旨句，或者直接阐述意义、主张或基本观点。

（3）先写缘由，引出主旨。文书开头直接表明制发文书的缘由、背景，而后自然地引出文书写作的意义、目的。

（4）以段旨、层旨整合出主旨。文书通过各个段落、层次中的段旨句和层旨句整合出主旨。

（5）妙用小标题，即将主旨分解成以小标题“领头”的几个部分。

（6）首尾呼应。文书开头提出一个令人关注的问题，在结尾处做出相应的明确答复，或者文书开头对某一情况做出多种假设，结尾处给出相对正确的答案。

（7）篇尾点旨。正文结尾处点明主旨。

值得注意的是，实际操作中文书写作往往综合使用几种方法。写作者只有掌握了这些方法，文书主旨才会更加鲜明。

关键点提示

体现文书主旨时要做到：

1.主旨鲜明单一，符合法令和上级要求；2.行文中综合运用多种方法显旨。

2.12 如何挑选、处理文书材料

工作场景描述

当需要选择、整理出准确且翔实的文书材料时，可查看。

解读与分析

文书的材料，是指出于写作需要，用于提炼、确立、表达写作主旨的事实和观点。它主要包括写作者在写作前搜集与积累的各种事实、数据、意见、观点、经验、问题以及上级有关指示精神等。

1. 选材标准

写作者要想利用好材料，就要做好选材的工作。文书选材的标准主要有如下几点。

（1）准确。文书写作采用的材料必须真实准确。

（2）切题。材料要有针对性，既要与观点统一，又要有实用性。

（3）典型。材料能深刻体现出经济活动的内在规律，具有代表性，这样才具有说服力。

（4）科学。要以科学的思维看待各种经济现象。

（5）新颖。选材需要与时俱进，有时代感。

2. 整理材料的方法

选材后，写作者还要根据实际需要对材料加以整理。整理材料的常用方法如下。

（1）分类法。通常有两种：一种是依据材料的性质分类，一种是依据满足工作需要的程度分类。通过分类，写作者可以找出各个“类”之间的内在联系，便于提炼出有价值的观点。

（2）筛选法，即经过反复多次甄选，从众多材料中找出那些最符合需要的材料的方法。

（3）节选法。删繁就简，选用一个完整事件的片段来表达观点。

（4）提炼法。把有价值但又过于详细的材料去粗取精，突出精华部分。

总之，以上几种方法写作者要灵活、综合运用。有了适宜的材料，文书才不致显得空洞无力。

关键点提示

写作者挑选、处理文书材料时，应该注意：

1.材料是文书写作的前提；2.选材要准确、切题、典型、科学、新颖；3.灵活运用各种方法整理材料。

2.13 如何设计文书合理的布局

工作场景描述

当需要设计一个良好的文书布局时，可查看。

解读与分析

文书的布局不仅体现了写作者的整体思维能力，也是对其智慧的挑战。那么，如何设计一个既得体又吸引读者的布局呢?

1. 注意问题

布局前，写作者要注意以下问题。

（1）创造良好的第一印象。第一印象是十分重要的，好的开头可以让读者轻松地“进入”文字。因此，开头几段要写得简短一些。情况允许的话，写作者还可以用标题等增加吸引力。

（2）结构明确。文书结构要明确，脉络要清晰，不宜过于繁复，这样才不会令读者产生抵触、厌倦的心理。

（3）遵循固定格式。写作者要按照各种文种的固定格式书写，以便读者很快找到其需要的信息。

2. 布局方法

文书在结构上一般分为开头、结尾、主体三大部分。

（1）掌握常规的开头方式。一般来说，文书的开头应该是对全篇内容的高度概括和主题思想的集中反映。文书比较常见的开头方式如下。

①情况概述，主要概括说明与文中内容有关的情况，像报告、会议纪要等多采用这种方式开头。

②说明原因，主要说明文中所提及的主要问题的起因、目的和根据，一般使用“为了”“因为”“根据”等关键词开头。这种方法适用范围较广，尤其是在通用文书和管

理类文书中使用较多。

③问题解答，采取一问一答的设问方式来开头，有利于吸引读者的注意力，并引发思考。

④阐明主旨，直接用简短的语句在开篇就概括出文书的主题。

⑤表明态度。开头直接阐明写作者的观点、态度。批复、批转性的文书通常使用此种方法开头。

⑥另类开头。一些特殊的文书，开头会用故事、趣闻、问题、例子或是惊人的数据来吸引读者的注意。当然，这只适用于极小部分在格式上要求并不严格的文书，比如商务往来文书及员工个人写作文书中的个别种类。

（2）了解主体的基本结构。就文书的主体而言，那些格式要求比较严谨的文书，通常有三种基本结构形式。

①纵式结构。这是指文书的思想体系是纵向展开的，各个层次之间是层层递进的，或按时间先后顺序，或按事件发展过程，或依照事理层次来安排主体结构。各个层次间的关系具体表现为主从、因果、总分等。

②横式结构。文书各个层次之间不是从属或递进的关系，而是并列关系。决定、规章制度类文书，各种法律、契约类文书等，多采用这种结构方式。

③混合式结构。它是将纵式和横式结构结合在一起的文书结构。常见的混合式结构，一般按照先纵后横的顺序来安排。

此外，在文书主体的写作中，写作者要善于利用各种过渡引导读者，使读者保持阅读的兴趣。

（3）掌握常见的结尾方式。文书常见的结尾方式有以下几种。

①总结全文。结尾简短地总结全文，复述需要强调的主要观点。

②提出希望。结尾提出比较明确的希望和要求，或者相应的建议。

③补充说明。结尾对有关事宜做适当的补充。

④鼓舞号召。常用于决定类文书，或者比较灵活的商务信件，如倡议书等。

⑤辩证分析。结尾对文书中的有关问题做一分为二的分析，在肯定经验、成绩的同时，也要找出差距和问题。

另外，有时结尾还要根据需要，与开头相呼应。

需要注意的是，一些文书并没有传统意义上的开头、结尾。比如，一些采用横式主体结构的文书，它们或是平行并列的几个层次，或是从头到尾的条目罗列，这时候最实际的方法是尽可能地让这些并列的层次条目精练化，过多的修饰有时会弄巧成拙。

当然，以上关于开头、主体、结尾的写作方法并没有完全囊括所有实际使用的方法，写作者在写作中应该根据文书种类和主旨表达的需要，选取适当的布局方式。

关键点提示

进行文书布局时应：

1.掌握常规的开头方式；2.了解主体的基本结构；3.掌握常见的结尾方式。

2.14 如何增强文字的可读性

工作场景描述

当需要增强文字的可读性时，可查看。

解读与分析

写作的目的是向读者表达某种意思，明确了这一点，写作者就应该设法增强文书文字的可读性。只有这样，读者才能在尽可能少的时间内获取所传达的信息。

1. 可读性标准

怎样的语言才算是具有可读性呢？其基本要求是语言清晰、平实、简洁、得体。

（1）清晰。文书语言力求准确，所传达的信息要单一，易于理解，所以尽量不要使用长句，减少语言的密集程度。

（2）平实。文书语言朴素，语意直白。公文内容要简要而直接，说明具体而直白，议论要简短。要去除文书中文学化或者过于深奥的语言，忌用难懂的俚语俗语，直来直去的表达才有利于阅读。

（3）简洁。文书语言简要、明确，而不是堆砌辞藻。这在整体篇幅上表现为简短，在具体词语上则表现为简洁、明快，没有歧义。

（4）得体。文书语言要保持一种严肃的态度，注意用词符合语境，慎用方言、口语，但不排斥通俗的大众化语言。

写作者写作时要注意以下两点。

（1）尽量避免陈词滥调，尽量避免使用过于专业的术语。陈词滥调会使文书显得缺乏想象力，也会削弱说服力；过于专业的术语则会造成与读者交流产生障碍。

（2）避免大量名词和形容词的堆砌，这样会影响阅读速度，分散读者的注意力。

2. 组织语言

在具体的文书语言组织过程中，写作者务必要注意以下两个问题。

（1）学会选词。写作者要注意区别词的不同含义，尤其要注意同义词在程度、范围、感情色彩上的细微差别，应选用通俗易懂的书面语，不要生造词语。

文书专用词语主要如下。

①开端用词。用来表示行文目的、依据、原因等，如“根据”“为了”“按照”“由于”“关于”“随着”“目前”“据”“查”“兹有”等。

②承启用词。用于上下文的衔接，如“为此”“据此”“鉴于”“综上所述”等。

③引叙用词。用于引叙来文时的用词，如“现接”“前接”“悉”“收悉”“惊悉”等。

④称谓用词。用于表示各种不同人称，如“本”“你”“该”“贵”等。

⑤经办用词。用于说明事务处理的情况，如“业经”“现经”“责成”“试行”“执行”等。

⑥批转用词。用于上级对下级来文批示意见或向下转发，如“批示”“审批”“阅批”“审阅”“转发”“下达”“颁发”等。

⑦表态用词。用来对来文表示意见，如“可以”“应当”“可行”“不可以”“同意”等。

⑧期请用词。用来表示发文者的愿望、请求，如“希”“请”“望”“盼”“恳

请”“切望”等。

⑨征询用词。用来表示征请、询问对有关事项的意见，如“当否”“妥否”“可否”“意见如何”等。

⑩结尾用词。如“为盼”“为要”“为荷”“特此通知”“请批示”等。

（2）注意炼句。炼句可使语句通顺、合理，获得最佳表达效果。写作者要注意使语句意思明确，句子成分完整，指示代词准确，语序顺畅妥当。

只要写作者按照以上要求进行写作，并注意在写作中推敲文字，写出的文书就一定更具可读性。

关键点提示

在文书语言方面要注意：

1.文书语言清晰、平实、简洁、得体；2.尽量避免陈词滥调和过于专业的术语；3.避免大量名词、形容词的堆砌；4.注意选词、炼句。

2.15 如何传达负面信息

工作场景描述

当不得不向读者传递负面信息时，可查看。

解读与分析

商务活动中，交流的各方当然都希望能够获得对自己有益的信息，但是我们也要明白，任何事情都不可能是一帆风顺的，在行政文书传达信息的过程中，有时候难免要向读者传达一些他们可能不太愿意听到的信息，像索赔函、理赔函以及告知应聘者落选的信件等。写作时写作者常常感到难以下笔，这是可以理解的，但也没必要过分紧张，可以参考下面的建议。

1. 采用先扬后抑的办法告知负面信息

告知读者坏消息之前，写作者最好先“预热”一下，提出一些良好的愿望，或者说一些类似“恭维”的话，让读者有一些心理准备和一个可以缓冲坏消息带来冲击的空间。比如，企业写信给应聘的落选者时，应该首先强调他在面试时留下的良好印象，对其某一突出优点加以适当赞扬。

2. 有策略地告知负面信息

谁也不想听到坏消息，所以写作者需要尽可能减少读者听到坏消息时受到的打击和由此产生的痛苦。比如，写作者告知应聘者没能被录用时，应该表明企业不是在拒绝接受他，只是根据企业的需要，选择了更适合这个职位的另一位应聘者——后者并非比落选者强，只是更适合这个职位而已。

3. 解释负面信息产生的原因

这要视情况而定，因为有些情况是无法解释原因的。比如，写作者在给应聘的落选者的信中，可以给出原因，如这一职位需要更多的实际工作经验等。

4. 给予正面回应

在文书结尾，写作者需要尽可能地给予正面回应，如给予对方美好的祝愿。比如，对应聘的落选者，写作者可以祝愿他找到更合适的职位，或者允诺如企业有适合该落选者的职位，一定会在第一时间通知他。

关键点提示

传达负面信息时的建议：

1.采用先扬后抑的办法告知负面信息；2.有策略地告知负面信息；3.解释负面信息产生的原因；4.给予正面回应。

2.16 如何运用图表、空白和标题行

工作场景描述

当需要运用文字以外的辅助信息阐明问题时，可查看。

解读与分析

如果文书上只有密密麻麻的文字，会不会让读者看了心生枯燥之感呢？写作者是否可以运用一些文字以外的辅助信息，消除这种可能，同时让文书更具有说服力呢？

这里谈一谈图表、空白和标题行的使用。

1. 图表

图表无疑是最醒目的辅助信息，它能吸引读者的眼球，使他们注意到文章所谈论的问题，并为他们提供重要的信息。事实证明，很多人会在阅读文书之前先浏览图表。

（1）使用原则。并非什么时候使用图表都可以达到事半功倍的效果。写作者使用图表时必须本着以下几个原则。

①支持正文。比如，当文书中充满各种数据，并且它们之间又存在某种联系时，与其让它们不规则地“散布”在文字堆中，不如用清晰的图表来支持正文。

②强调所传达的信息。当图表信息比文字更有说服力时，方可使用。

③指导行动。这主要指流程图一类的图表。

（2）运用标准。图表的使用，应当尽量达到以下标准。

①清晰。将图表放置在与其内容相关的正文附近，以便读者查看。同时，写作者应当在图表下面写出序号，提供一些简短的解释。为了突出图表，其周围最好留有一些空白。

②恰当。图表的使用要与写作目的相吻合，做到恰如其分。

③精准。写作者一定要确保图表中数据的准确性，并注意与正文保持一致，最好注明数据的来源。

2. 空白

写作者不要忽视了空白的作用。列举和引用时，写作者可以在边缘处留出足够的空白，以吸引读者的注意。另外，写作者要多借用段落之间的空白，换句话说，就是根据需要多分段，否则一眼看去，都是紧密文字，肯定会影响读者的阅读情绪，那些篇幅较长的文书更是如此。因而，空白绝非对空间的浪费，而是一种有效的“投资”。

3. 标题行

利用标题行分割正文，可以让读者更为轻松地阅读，因为通过这种分割，文章的组织结构可以一览无余。当然，标题最好在起草提纲时就想好。另外，注意根据写作目的及内容调整标题的风格。

写作者巧妙地运用图表、空白与标题行，可以为文书增色、添彩。

关键点提示

当企业需要用图表和空白等辅助性信息说明问题时，应该明确：

1.图表用于支持正文、强调所传达的信息、指导行动，图表要清晰、恰当、精准；2.必要处使用空白；3.用标题行表现文章的组织结构。

2.17　如何处理特殊表达

工作场景描述

当遇到文书写作中一些需要做特别处理的表达时，可查看。

解读与分析

所谓特殊表达，是指文书中一些有特别要求的有关事物和概念的表达。在实际的文书写作中，写作者往往会忽略特殊表达的问题，或者意识到应该注意，但又不太了解具体的细则。所以，此处单列出来，目的是引起写作者的注意。

1. 时间的表达

（1）除去不必精确表达或需要保密而不能精确表达的情况外，写作者都需要用有确切语义的词语来表达时间，标明完整的年、月、日，年份一律使用公历年份全称，比如2021年不得省略为21年，根据需要，有时还要标出时、分等。

（2）文书中要尽量避免使用需要借助其他时间概念才能推断出来的时间代词，如“今天”“明年”“本月”等。文书中忌用不易划定界限的词语，如“去年以前”。

2. 地点的表达

（1）表示地点的专用名词，如城市、地区、县等名称第一次出现在文中时，属于国内的地方要标明所属省、直辖市、自治区名称（本地区内传达可酌情略去），属于国外的地方要冠以国名。

（2）所有地名一般使用标准名称，不宜使用别称；国内地名以及单位、企业名称一般要用全称，“京津地区”等特殊情况除外。

（3）除特殊需要外，文书中涉及的空间概念用词应当精确，慎用表示处所的代词，如“这里”“那里”，以防止误解。

3. 职务、姓名的表达

（1）各种职务、姓名要用全称。当一人担任多个职务时，考虑文书内容，列出相关的即可。须列出多个职务时，国内人员按先党内后党外、先大后小的顺序排列，国外人员则要尊重对方习惯进行排列。

（2）国外人士的姓名、职务应使用新华社公布的标准译名，第一次出现时，根据需要用圆括号附上其外文名称。

（3）若干人的姓名并列出现在文书中时，写作者需要根据一定的标准排序，如根据姓氏笔画、姓氏首字母、职位高低等进行排列。

4. 数量的表达

（1）除特殊情况外，写作者应尽量使用确数，避免使用约数。数词“两”一般不用作序数。

（2）单位要遵照国家统一标准，非法定单位应在其后面注明相对应的法定单位。

（3）对不经常使用的复合量词，要加注简要说明。

（4）表达数量时，一般使用阿拉伯数字，但使用以数字为构成要素的词、词组、惯用语时，应使用汉字。

特殊表达要求基本如上。写作者撰写文书时，如果碰到特殊表达的问题，请遵照上面的要求去处理，避免因细节上的问题而影响整篇文书的表达，甚至使一篇本来尚佳的文书“溃于蚁穴”。

关键点提示

正确处理特殊表达的方法包括：

1.注意时间、地点表达中的各种特殊要求；2.注意职务、姓名、数量表达中的各种特殊要求。

2.18　如何修改文书

工作场景描述

当文书初步完成，需要进一步规范化、标准化时，可查看。

解读与分析

在实际的文书写作中，很少有人可以做到一稿成文。一篇文书起草完毕后，总要经过多次认真修改才能最终完成，以使文书更加规范化、标准化。

一方面，修改可以勘正词句上的错误，文书写作者未必是文书内容的直接决策人，文书内容可能会与决策人的原意有一定偏差；另一方面，可能由于文书内容涉及问题过多，写作者第一次书写时并没有准确、清晰地表达各种意思，修改可以使文书内容更全面。另外，文书写作往往关系重大，绝不能有半点马虎，必须经过检查，使之规范化。这些都是文书要经过修改的主要原因。

一般来说，文书修改主要有以下几种方法。

（1）改正，修改错别字、词语，使句子通顺。

（2）删节，删掉多余的字词，使行文内容突出，主次分明。

（3）增补，使行文更为完善、准确。

（4）移位，使行文逻辑严密、文意贯通。

（5）分段和连接，确定文书结构，使之更有条理。

在对文书的修改中，写作者一定要认识到，这不是在例行公事，而是对所叙述事务的反复认识和对表达方式的反复斟酌。只有这样，文书才有可能在原有基础上有所提高和完善。

关键点提示

修改文书时应注意：

1.文书修改非常必要，而且很重要；2.根据情况使用多种修改方法。

2.19 如何撰写通知

工作场景描述

当需要组织或个人知道、办理、执行某些事项时，可查看。

解读与分析

通知是一个企业使用最为频繁的文书类型，它起着要求组织或个人知道、办理、执行某些事项的作用。按性质，通知一般分为以下几种。

（1）告知性通知。它是告知下级组织、同级组织或个人“需要知道”的事情，以利于工作的顺利进行的公文，如《××公司关于成立××调查小组的通知》。

（2）布置性通知。它是为全面开展工作，需要普遍告知和要求普遍办理时使用的公文，如《关于开展××活动的通知》。

（3）发布性通知。有些内容不宜用命令形式发布，就用通知形式发布。它既具有传达作用，又具有一定的法律效力。这类通知的结尾都有“认真贯彻执行”等短语，如《××公司发布××办法的通知》。

（4）批示性通知。它用于发布某些带有行政性质的法规，转发上级、同级或不相隶属单位组织的公文，以及批转下级机关的公文，如《××公司批转××报告的通知》。

（5）会议性通知。它是通知有关单位或个人参加会议的公文，如《××公司召开××会议的通知》。

（6）任免性通知。它是告知有关单位或个人有关人事任免事项的公文，如《关于任免××科科长的通知》。

通知的大体结构因类型的不同而不同，一般由标题、编号、主送单位或个人、正文和落款五部分组成。

1. 标题

完整的标题由发文单位、事由和文种构成。发文单位、事由及“关于”或“通知”等字样可以酌情省略。但发布性和批示性通知，需要在标题中将其性质体现出来。这两类通知通常在“关于”后面标明“发布”，一般要求使用完整的标题。

2. 编号

这是对比较正规的通知而言的，具体是指该通知的公文编号，一般放在标题的右下方或下方。如《关于认真贯彻执行会计从业资格管理制度有关规定的通知》里，编号为“财政部财会〔20××〕6号”，其中“财政部”为发文单位，“财会〔20××〕6号”是该年度的编号。

3. 主送单位或个人

主送单位或个人即被告知的单位或个人，一般应放在正文的上方，顶格写。当主送单位或个人有很多时，需要一一列举；当主送单位或个人很明确时，则可概括性描述。

4. 正文

正文内容因类型而定。

（1）告知性通知。其理由要充分，不要超过全文的三分之一；行文要简洁，使受文单位领会到发该文的目的；一般将介词结构语句作为原因的起始句，如用“为了……”表目的“根据……”表依据“由于……”表原因等，并作为通知的开头。通知事项要明确、具体，必要的时间、地点、办法要交代清楚。

（2）批示性通知，主要由两部分组成，前一部分要写明对所“批转”“转发”文件的意见、态度，注意要表明“已经同意”的态度，然后根据所批转或转发文件的性质及其重要程度写明要求，如“认真贯彻执行”或“参照执行”等；后一部分是批示的内容，要体现批转或转发的意图，阐明文件的精神实质或意义，注意要说明所批示文件的重要性，对贯彻执行的时间、方法、目标等提出较为明确的要求。

（3）会议性通知，包括通知缘由、通知事项和通知内容。通知缘由和通知事项要写出召开会议的目的、意义；通知内容要交代会议的议题、时间、地点，还有与会人员的条件、范围等。

（4）任免性通知。因其关系到相关人员的任免，所以在提法、措辞、排列上要有一定的讲究。任免缘由宜粗不宜细，宜简不宜繁。任免事项则要明确，排列有序。

5. 落款

落款即发文单位和发文时间，应在正文右下方。

相关人员进行通知写作时，一定要根据内容、类型的不同，拟定不同的标题、格式，否则会给实际工作的执行及工作事务的进行带来麻烦。

关键点提示

相关人员进行通知写作时应注意：

1.通知一般由标题、编号、主送单位或个人、正文、落款五部分组成；2.正文根据通知类型书写；3.行文简洁，语气中肯，措辞得当。

2.20　如何撰写决定

工作场景描述

当需要对重要事项或重大行动做出安排、奖励有关单位及人员、变更或撤销下级组织的不适当决定时，可查看。

解读与分析

决定是商务活动中经常使用的具有规范性、稳定性、制约性的文书，一般由上级组织发布。企业常用决定的主要类型如下。

（1）部署性决定。它多在对重要事项和重大行动做出部署时使用，政策性较强，要求坚决贯彻执行。

（2）知照性决定。它是把决定的事项简要地传达给有关单位和人员，多数没有执行要求，少数兼有事项安排。

（3）表彰与处理性决定。它在对人或事进行表彰或处理时使用。

（4）变更或撤销性决定。它在对下级组织不适当的决定事项或其他有关事项做变更或撤销时使用。

这种作为下行文书的决定，其主要结构组成如下。

1. 标题

标题一般由发文单位、事由、文种三部分构成，根据需要可以省略发文单位。

有的标题下须注明“××××年×月×日会议通过”等字样，并用括号标明。如果通过的日期与发布的日期不一致，还要在小括号里写上何时发布，根据需要写上生效日期。

2. 正文

正文内容一般包括：做出决定的根据和缘由，决定的事项、处理的问题或部署的重大行动，执行决定的要求和提出的号召。

正文还可以根据决定的内容做相应的调整。

（1）部署性决定的正文，如《××公司加强人事管理的决定》，要讲明道理，布置任务，交代办法，提出要求。决定事项部分要把众多问题写得条理分明，使下级组织易于把握，便于执行。

（2）知照性决定的正文，如《××部门××问题的相关决定》，因篇幅通常不长，多数一段到底。

（3）表彰与处理性决定的正文。表彰性决定的正文，主要写被表彰者的身份、事迹，对其评价以及表彰的决定事项，希望和号召等；处理性决定由于是针对人和事的，故其正文要先说明错误的事项，分析其性质、根源、责任及后果，最好交代一下被处理人对所犯错误有无认识和悔改的表现，再写处理决定，最后指出教训，起到警醒的作用。

（4）变更或撤销性决定的正文，一般只写明变更或撤销有关事项的原因、依据和决定事项即可。

3. 落款

（1）发文单位。如果标题中已经有了发文单位的名称，落款处一般可以不再署名。

（2）发文时间。有的决定把施行日期作为决定事项的一项内容，写在最后的条文中。有的决定生效期与公布日期一致，则在决定的末尾写上："本决定自公布之日起施行。"在标题下已注明发文日期的决定，也可以不在落款处写发文日期。

各企业在使用"决定"文书时，其内容应为本单位相对重要的事宜。也就是说，只有事关全局、政策性强、任务艰巨、执行时间较长的行政文书，才适合使用"决定"。

关键点提示

撰写决定时应注意：

1.内容应为相对重要的事宜；2.由标题、正文、落款组成；3.正文根据内容调整；4.决定事项明确突出。

2.21　如何撰写报告

工作场景描述

当下级组织或个人向上级组织或领导书面汇报工作、反映情况、答复询问时，可查看。

解读与分析

报告是目前我国使用最频繁的陈述性文书，只适用于下级组织或个人向上级组织或领导书面汇报工作、反映情况、答复询问等情况。按照内容，报告可分为以下几种。

（1）工作报告，指向上级组织或领导汇报工作的报告，如下级组织或个人向上级组织或领导汇报某一阶段工作的进展、成绩、经验以及存在的问题，汇报上级交办事项的结果，或汇报对某一指示传达贯彻的情况等。

（2）情况报告，指向上级组织或领导反映情况的报告，例如，要及时汇报本地区、本单位发生的重大事件或会议情况等。

（3）答复报告，指答复上级查询事项的报告。其除答复上级对有关情况的询问外，也可用于答复上级批示或下级向上级反映的问题等情况。

（4）建议报告，指汇报或提出工作建议、措施的报告。有的建议报告只要求上级组织或领导认可，这类报告被称为呈报性建议报告；有的建议报告要求上级组织或领导批转给下级组织或个人执行，这类报告被称为呈转性建议报告。

（5）报送报告，指向上级组织或领导报送物件或有关材料的报告。

虽然报告种类繁多，但其结构组成一般都包括标题、主送单位、正文、落款四部分。

1. 标题

报告的标题可以根据需要省略发文单位，但不能省略事由和文种。

2. 主送单位

主送单位尽量使用全称，除特殊情况外，不能越级写主送单位。

3. 正文

不同类别的正文，应区别对待。

（1）工作报告。其正文一般包括基本情况、主要成绩、经验体会、存在的问题、基本教训等部分。这类报告篇幅较其他类型长，所以写作者要安排好层次结构。

（2）情况报告。它需要把情况和问题说清楚，事情的经过、原委、结果、性质都要写明白，内容集中，重点突出，最后要提出处理意见或建议。情况报告有时效性要求，所以写作要及时。

（3）答复报告。其内容要有针对性，有问必答。引据部分写上级要求回答的问题，要简要；事项则针对问题进行答复。

（4）建议报告。它一般包括情况分析和意见措施两部分。情况分析要简明扼要，然后以“特提出如下意见（建议）”等语句起领下文；意见措施则在前一部分的基础上结合实际情况提出，通常采用条文式写法，这可使其脉络清楚，主次分明。

（5）报送报告。它通常是用简短的话对报送物品、材料的名称和数量进行说明。

正文的结尾处要有提出要求的习惯用语，除呈转性建议报告常以“如无不妥，请批转有关单位执行”为结束语外，其他各类报告常以“请审阅（批示）”“专（特）此报告”等为结束语。

4. 落款

在落款处，标出报告发文时间。有的报告将发文时间放在标题下方，用小括号括起来。

虽然报告属于上行文书，对受文单位没有权威性和约束力，但它一旦经上级组织批转，就成为上级组织批转文件的一部分，也就具备了相应的权威性和约束力。这一点，写作者写作时要特别注意。

关键点提示

撰写报告时应注意：

1.报告分为工作报告、情况报告、答复报告、建议报告、报送报告等；2.报告的结构组成包括标题、主送单位、正文、落款四部分；3.注意各部分的写作注意事项。

2.22　如何撰写请示

工作场景描述

当下级组织、个人提请上级组织、领导答复疑问、审核和批准某项请求时，可查看。

解读与分析

请示是下级组织、个人向上级组织、领导请求决断、指示及批示时所使用的呈批文书。按照性质、用途划分，请示大体上有三种。

（1）陈述性请示。它是指向上级组织请求解决问题和给予指示的一种请示。

（2）请求性请示。它是指向上级组织请求给予批准的请示。

（3）建议性请示。它是指向上级组织请求批转本单位关于某项工作或具体情况的系统设想、措施或处理意见的请示。这类请示与报告很接近，有时可以写作“请示报告”，但究其根本，仍属于请示。对于这类请示，上级组织收到后，不论同意与否，都必须给予明确的答复，以免延误时间或耽误工作。

请示的结构组成一般包括标题、主送单位、正文、落款四部分。

1. 标题

标题应包括发文单位、事由和文种三部分内容，发文单位可以酌情省略。标题中尽可能不要出现“申请”“请求”之类的词语。

2. 主送单位

主送单位应尽量用全称，文书一般主送一个单位。除特殊情况外，不能越级写主送单位。

3. 正文

正文一般包括请示原因、事项、要求三部分。

（1）原因。即提出请示事项和要求的理由、背景及依据，要写在正文的开头。请示原因是撰写请示的关键，原因是否充分，直接关系到请示能否成功。即使原因比较复杂，写作者也不能过分简化，必须讲清情况，举出必要的事实、数据，做到具体而明了。

（2）事项。即请求上级组织批准、解答的具体事项。它要符合发文单位规定，切合实际，可行性和可操作性强；事项要求详细准确，如果事项内容比较复杂，则写作者需要分清主次。

（3）要求。书写完事项之后，发文单位一定要提出要求。常用的写法有“以上意见当否？请指示”“以上请示，请审批”“以上请示，请批复”等，这些请示语虽然简单，但必不可少。

正文的写作需要注意一文一事；明确提出本单位或个人对解决这一问题的意见，以供上级参考；也可提出对上级的具体要求，提出希望按某个最佳方案批示；根据需要提出在什么时限内要求得到批复，或提醒上级在批复时需要注意或强调的问题。

4. 落款

如请示事项涉及两个或两个以上的单位，各有关单位要联合向上级行文；如需抄送有关部门，则在成文日期下面写明转送某某单位。

所请示的事项，不管最后是否被批准，对上级领导都能起到很好的启示或说服作用。因而，写作者写作时不必担心是否能够成功，只要按照要求写，就一定会起作用。

关键点提示

撰写请示时应注意：

1.请示一般包括陈述性请示、请求性请示、建议性请示；2.请示的结构组成一般包括标题、主送单位、正文、落款四部分；3.注意各部分的写作注意事项。

2.23　如何撰写批复

工作场景描述

当上级领导需要对下级组织的请示进行答复时，可查看。

解读与分析

批复是用于答复下级组织请示事项的文书。批复和请示密切相关，批复必须依赖于请示而存在，先有请示，才能有批复。任何批复都必须针对请示而写，请示何事项，就批复什么事项。按照内容，批复可以分为以下两种。

（1）指示性批复。它指对下级组织请示的涉及政策、认识上的问题做出指示性答复的批复。

（2）审批性批复。它指对下级组织请示的涉及人事、财务等方面的具体问题，做出批准、否决或不完全批准等审批性答复的批复。

批复的写作方法如下。

1. 标题

批复的标题可以有这样几种写法。

（1）发文单位+批复事项+行文对象+文种。

（2）发文单位+事由+文种。

（3）发文单位+原件标题+文种。

2. 主送单位

主送单位只能是请示单位，涉及的其他有关单位可以转送，但是范围必须有一定的限制。

3. 正文

正文一般包括引语、批复内容和结语三部分。

（1）引语。引叙来文，说明批复的根据；指明批复对象，即请示的主题。

（2）批复内容。批复内容即对请示中提到的问题，给予明确的答复。如果完全同意，写作者要在复述原请示主要内容后再表态，因为有些受文单位可能不清楚原请示的内容；如部分同意、部分否决，则要写明同意的内容以及不同意的内容和理由；如果全部不批准，一定要在否定性意见后写明理由；如涉及其他部门，写作者要事先与其商量，获得一致意见后方可行文。

（3）结语。结语即结束语，批复通常以“特此批复”“此复”等为结束语。

4. 落款

批复因具有通知和指示的性质，所以为郑重起见，即使发文单位名称已出现在标题中，写作者常常也要先落款，再写成文的具体时间。

上级领导通过批复表明准许或否定态度之后，下级组织就必须执行批复意见。因而写作者撰写批复时，不仅要注意态度鲜明，也要考虑下级的心理，体谅他们的实际困难。此外，写作者应及时撰写、发文，以免耽误工作。

关键点提示

撰写批复时应注意：

1.批复分为指示性批复和审批性批复；2.批复的结构组成包括标题、主送单位、正文、落款四部分；3.注意各部分的写作方法。

2.24　如何撰写制度

工作场景描述

当企业要求有关人员按照一定的程序办事时，可查看。

解读与分析

制度带有一定的强制性和约束力。它一经订立并公布于众，企业的所有员工都必须照章办事，毫无例外。制度因标准不同而有不同的分类方法。

（1）按制订者来划分，有国家制订的制度、企业制订的制度，还有个人制订的制度等。

（2）按时限长短划分，有长期性制度、临时性制度等。

（3）按内容性质划分，有行政工作制度、经济管理制度等。

制度一般由标题、发布单位、日期、正文三部分构成。

1. 标题

标题通常由制度的基本内容和文种构成，如《××高等学校财务制度》。

2. 发布单位、日期

在标题下注明制度制订或发布的单位、日期，或是在落款处写明。

3. 正文

正文可以按总则、分则、附则的形式去写，也可以按前言、主体、结语的形式去写。对于比较简单的制度，其正文可以采用前言加主体式，也可以采用条目式，条款要简明扼要，便于执行。

制订的制度要注意符合国家的方针、政策要求，这样才能更好地发挥制度的作用。

关键点提示

撰写制度时要注意：

1.制度具有强制性和约束性；2.灵活掌握制度的结构及各部分写作方法。

2.25 如何撰写计划

工作场景描述

当需要在某段时间内完成某项工作，从而需要制订出明确的任务目标及切实可行的措施并提出具体要求时，可查看。

解读与分析

任何工作都应该事先定出目标、分好步骤、想好措施等，这样才有利于一步一个脚印地完成任务、达到目的，否则就会陷入盲目被动的局面，不能实现预期目标。因此，开始一项工作之前，制订计划是非常有必要的。

计划是计划类文书的统称，也是各种计划最常用的名称。这类文书根据时限、详略的不同，还可使用“规划”“方案”“要点”“设想”“打算”等名称。

（1）规划适用于时间较长、范围较广、内容较全面的情况。

（2）要点、方案往往是上级组织向下级组织布置一定时期的工作，交代政策界限，提供工作办法的文件。

（3）设想是一种初步的、不成熟的、仅提供参考的计划。

（4）打算适用于时间较短、范围较小、内容比较具体的情况。

从管理学的角度来讲，制订计划是为了实现工作目标。计划的内容，就是把管理者决策的目标分解到所管理工作的各个方面、相关的时间段，从而形成实现目标所需完成的具体任务、要求、措施、办法和步骤。

计划一般包括标题、正文、落款三部分。

1. 标题

标题由单位名称、适用时间、内容范围和文种名称构成，可以省略适用时间和内容范围。当标题只有两项要素时，则由内容范围和文种名称构成。

2. 正文

计划的正文一般有如下几种形式。

（1）图表式。图表式的计划通常用于时间较短、内容比较单一或者量化指标比较多的情况。这种计划的正文一般通篇用图表来表示。这种计划制作简单，文字简明，便于对照和检查。

（2）条文式。条文式的计划是将一项计划用小标题分为几部分，主要用文字阐述。如果涉及数字指标，就将其穿插到相关部分的文字叙述之中。这一形式的计划正文一般包括三部分。

①前言。前言以简明扼要的语言阐明制订计划的背景和基本情况，以及落实此项计划的重要性。一些不太复杂的简短计划可以省略这部分。

②主体。主体包括计划的任务、要求、具体项目、措施、步骤等内容。对于任务比较单一、各项任务间有共同基本措施的计划，采用“做什么—怎么做—实现何种目标”的分列式结构；对于任务较多、相互独立的计划，采用在每一段内说明一个任务的综合式结构。

③结语。结语多用于总结全文、阐述意义，或表达完成此项计划的决心，同时也有以效益预测或对前景的展望来收尾的计划。结语要简短有力，切忌过长。

（3）表格文字综合式。表格文字综合式的计划适合于一般生产经营计划，通常由计划表格和编制说明组成。编制说明部分要对计划的背景、依据、目标、具体安排等，做出相应的介绍和解释。

结尾处，写作者往往要提出执行时需要注意的事项和修订、检查的办法。如果计划还有别的材料作为附件，写作者要在正文结束后予以说明。

3. 落款

如果标题下已署名，落款可以省略。

制订的计划要顾全大局，要与实际情况相结合，并具有一定的挑战性。对于很容易完成的工作，不用制订过于正式的计划。制订计划时还要注意留有适当的余地，这样才能更好地对工作进行指导。

关键点提示

撰写计划时应注意：

1.计划一般包括标题、正文、落款三部分；2.正文有图表式、条文式、表格文字综合式；3.顾全大局，与实际相结合。

2.26 如何撰写声明

工作场景描述

当需要对某一事件做出相应反应，需要公开表明企业的立场、态度时，可查看。

解读与分析

“声”是宣布、陈述的意思，“明”是说明、表白的意思。“声明”的含义是说明、陈述某种事实，并做出相应的决定或表明立场、态度。声明这一文体，正是公开表明态度或说明问题的一种具有法律效力的文书。

除了由国家、政党以及一些团体发表的对国内外大事的声明之外，各企业也会在一些时候发表有关声明。这种声明大致有两种用途。

（1）企业的合法权益受到损害或被侵犯时，企业为了保障自身利益而使用的声明；为了引起公众、消费者的注意，揭露事实真相而使用的声明，即维权声明。此类声明多由维权单位及其所聘请的律师共同起草和发布。

（2）企业遗失某些重要物品，或者停止一些名称、商标、公章等的使用，需提醒有关部门、公众、消费者注意，以防止意外情况发生时用到的声明。

声明一般由标题、正文和落款三部分组成。

1. 标题

标题一般由形容词和文种组成，如“郑重声明”“严正声明”等。形容词可省略，少数标题要加上发文单位。

2. 正文

首先，写明声明的目的或原因，比如企业的某项正当权益被哪个单位、个人侵犯，或者废止、遗失事项的背景等。然后，写声明的内容，对前一种声明情况，要表明对侵权事件的立场和态度，以及将要采取的措施；对后一种声明情况，则要将遗失或废止事物的名称、编号、特征等交代清楚。

声明的文字要简短，以叙述、说明为主，不宜用描述性语言，切忌因指责不法行为而有不必要的抒情。声明的语气要鲜明有力，态度严肃，措辞得体。

维权声明要注意依据法律说话，有理有节，不要恶意反击。对被侵权的产品、商标等，一定要加以详细描述。必要时，写作者可以在结尾处写上一些对社会维权问题的希望和祝愿。

3. 落款

写明发文单位，根据需要还可注明地址等联系方式。

这里要提醒企业，一定要慎用、用好维权声明，它不仅是在维持企业正常的营销运作，保护企业的合法权益，更是在维护企业的名誉和信誉。

关键点提示

撰写声明时要做到：

1.声明应立场鲜明，态度严肃，语言得体；2.行文要简短，不宜过多描述、抒情。

2.27 如何写好会议纪要

工作场景描述

当需要根据会议的指导思想和会议记录、会议文件及其他有关资料，对会议召开的基本情况进行提炼、整理时，可查看。

解读与分析

会议纪要是在作为原始材料的会议记录上，进行加工、提炼、概括、整理而形成的文字材料。会议记录要求的是“如实记载”，会议纪要则强调用简明的语言，准确地反映会议的基本情况、主要精神和成果，也就是“扼要反映”。凡是会议，都要求记录，但只有比较重大的大型会议才要求写会议纪要，因而会议纪要具有会议记录所不具备的权威性。根据会议的性质，会议纪要一般有三种。

（1）工作会议纪要。研究中心工作或业务性工作的会议通常较为集中地研究一些重大的实际问题，部署中心工作，工作会议纪要就是根据会议研究问题的结果，以及工作安排所形成的纪要。它可以细分为以下两种。

①专题工作会议纪要。它的内容集中，议程单一，一般只对会议概况、宗旨、讨论和决议事项加以概括说明。

②例行工作会议纪要。它的内容较为复杂，议程较多，要把做出的决议，按讨论顺序或重要程度，逐项或分若干部分概述。

（2）行政例会纪要。它是企业的行政机构在召开办公会议或行政例会时，根据会议研究决定的问题所形成的纪要，具有极强的权威性和指导性。这类会议纪要一般只写出与会者通过会议取得的统一看法，人称必须用“会议”，不必写出发言者姓名。

（3）座谈会议纪要。它是为了解决某一重要问题，召集某些具有代表性的人员参加，通过座谈讨论，形成多数人同意的意见时所要整理出来的会议纪要，只起到一定的指导或通报作用。受文单位不必完全遵守，允许记录不同意见。

会议纪要一般由标题、正文和落款三部分构成。

1. 标题

标题一般包括会议召集单位名称、会议内容和文种三部分。会议召集单位名称可以省略，必要时可以附上副标题。副标题由会议名称和文种组成。

2. 正文

正文一般分为会议概括、会议事项和结语三部分。

（1）会议概括。它包括会议议题、宗旨、召开依据（有时还有评价）以及会议召集单位、时间、地点、主持人、与会者等。会议概括应简明扼要，不重要的项目可以省略。

（2）会议事项。它包括对议题的讨论研究，内容摘要和做出的决议、决定。这一部分是会议纪要的核心，也就是“要”之所在。一般来说，会议事项有三种写作方式。

①综合概括式。这种方式是对会议的报告、发言和讨论情况加以综合，进行概括性叙述。这种方式比较适合议题集中、意见一致的中小型会议。

②分项列举式。这种方式围绕会议的中心议题，将诸多问题、意见加以分类整理，条理分明。这种方式比较适合规模较大、议题较多的会议。

③发言记录式。这种方式按发言顺序写出各种主要意见，或是根据发言内容对会议内容进行归类。这种方式多用于座谈会议。

（3）结语。这部分主要写会议的号召、希望，或者交代有关事宜，提醒有关单位、个人注意并遵照执行，又或者对为会议的召开做出贡献的单位、个人表示感谢。写作者也可酌情省略结语部分。如果有结语，一定要简约、概括。

3. 落款

落款写明会议纪要的作者和时间。作者署名可以是单位，也可以是个人。落款也可按照前面几种文书的样式，写在标题下的小括号内。

写会议纪要前，写作者一定要对会议情况进行全面的了解，合理地处理会议材料，再根据情况适当地调整写作形式。

关键点提示

会议纪要的写作要点包括：

1.会议纪要一般由标题、正文和落款三部分构成；2.会议纪要的正文包括会议概括、会议事项、结语；3.会议事项的写法有综合概括式、分项列举式和发言记录式三种。

第3章

企业相关文件物品管理常见问题

对文件物品（包括档案、印章等）进行科学高效的管理，无疑能为企业的高效运行提供可靠的保证。对企业重要文件物品的管理应做到有备无患，以调取方便快捷为原则。行政部门的相关负责人应不断加强和完善这项日常工作的细节。

3.1　如何有效归档

工作场景描述

当需要完整、科学地收集档案时，可查看。

解读与分析

企业每天都要产生大量处理完毕的文件资料，如果不能及时、有效地对这些文件资料进行归档管理，势必会导致企业重要信息的遗失和泄漏，使企业蒙受损失。因此，归档管理是一切档案管理工作顺利进行的前提和基础。一般来说，归档管理人员须做好以下几项工作。

1. 明确归档范围

归档范围是指哪些文件资料应该归档，哪些文件资料不应该归档。相关人员只有明确了归档的范围，才能保证归档资料的完整和准确，同时减少档案的收集成本。一般来说，归档的范围应该包括以下两个方面。

（1）企业对内的文书资料，包括企业的各项规章制度，企业各部门的发文，企业主持召开的各种专业会议形成的会议记录、文件、会议纪要、重要领导人的讲话及会议决定，企业制订的各项计划，企业的重要工作成果（如工程设计图纸）等。

（2）企业涉外的文书资料，包括本企业与其他企业的信件、协议、合同等，企业参与的重要活动的文件、纪要及重要领导人讲话的音像资料等，出国学习、考察带回以及谈判人员获取的重要资料等。

2. 把握归档时间

归档时间是指需要归档的文件材料向档案管理部门移送的时间。一般来说，文书处理完毕后应尽快归档，对于特殊载体的文件（如音像档案资料），由于整理程序较一般文件复杂，可以适当延长归档时间，但最好能在一个月内归档。

3. 审查归档文件

（1）不属于归档范围的文件应立即退回经办部门。

（2）文件及副本必须同时归档，如有缺失，归档管理人员应立即向相关部门追查。

（3）检查文件资料的处理手续是否完备，如有遗漏，归档管理人员应立即退回经办部门补办。

4. 明确归档责任

鉴于归档工作的重要性，企业必须明确相关人员的责任，实行归档责任制度，以确保归档管理工作的有效进行。归档责任制度应包含两项内容，即经办部门负责人及时归档责任制度和档案管理人员严格接收责任制度。

总之，归档管理是整个档案管理工作的起点，对随后的各个档案管理环节都有重要影响。管理者必须予以高度重视，严格把控归档工作的各个要点和环节，为档案工作的顺利开展奠定良好的基础。

关键点提示

科学有效归档需要做到：

1.明确归档范围；2.把握归档时间；3.审查归档文件；4.明确归档责任。

3.2 如何进行档案整理

工作场景描述

当需要对种类繁多的档案进行分类整理时，可查看。

解读与分析

档案整理是档案管理工作的中心环节。科学的档案整理，可以促进档案管理各个环节的良性互动和协调发展，进而为档案信息资源的开发利用奠定重要的基础。档案整理是管理人员在档案管理过程中必须做好的一项基础性工作。档案整理可以按以下步骤进行。

1. 区分全案

性质相同的档案属于一个全案。判断档案属于哪个全案时，关键在于确定档案形成者——立档单位。构成全案的文件大致划分为三种基本类型：内部文件、发文和收文。

对于立档单位的内部文件和发文（存本和原稿），其文件作者即档案形成者，相关人员只要查到文件作者，就能够确定文件全案。对于立档单位的收文，其档案形成者是收文的实际接收者，而非文件作者，相关人员只需查明收文的实际接收者，就可以确定所属全案。区分全案，为档案整理工作的系统化确立了基本的框架。

2. 合理分类

由于企业档案种类繁多，采用单一的分类方法已不能满足档案管理的实际需要，因而多结合两种以上的分类方法对不同的档案进行多层次分类。

一般首先从区分部门开始，区分部门之后，依档案内容分为若干大类，再对大类依年度及其他分类标准分为若干子类，三级分类不够用时，还可以增设四级细类。

总之，档案分类应本着一切从实际需要出发的原则确定分类的层级和标准，力求做到区分合理、层次清晰。

3. 制作档夹

同一子类或细类的案件一般归于一个档夹。如果案件较多，一个档夹不够用，也可分为两个或两个以上的档夹装订，并在子类或细类之后增设“卷次”编号。每一个档夹封面内首页应设目次表，以方便查找。

4. 档案命名

每一个档夹内的案件称为一个案卷，为了明确案卷内容，方便查找，相关人员须对每个案卷进行命名。对案卷进行命名时应遵循以下原则。

（1）准确表达案卷内容。

（2）文字简明扼要。

（3）标题结构完整。

5. 档号编订

确定档案分类的各级名称后，相关人员应编制“档案分类编号表”，将所有分类的各级名称及其代表数字编号按一定的次序排列，以便查阅。

档号编订以一档一号为原则，用十进制阿拉伯数字表示（具体位数多少，视案件多少而定）。档号必须反映出档案的层次关系，如档号“A1A2-B1B2-C1C2-D1-ala2”中，“A1A2”为经办部门代号，“B1B2”为大类号，“C1C2”为小类号，“D1”为档案卷次，“ala2”为档案目次。

6. 档夹装订

相关人员将各案卷以目次号顺序装订于相关类别的档案夹内时应注意：中文竖写文件以右方装订为原则；中文横写或外文文件则以左方装订为原则；对有皱褶、破损、参差不齐的文件，应先补正、裁切、折叠、理齐后再订牢；最后，在装订好的档夹背脊处标明档夹内案件的分类编号及名称，以便日后查档。

总之，开展档案管理工作时需要十分细心，每一道工序都要求相关人员慎之又慎，不可有半点马虎。

关键点提示

档案整理应遵循以下步骤：

1.区分全案；2.合理分类；3.制作档夹；4.档案命名；5.档号编订；6.档夹装订。

3.3 如何妥善保管档案

工作场景描述

当需要长期安全保存重要档案时，可查看。

解读与分析

档案材料多为纸张、照片、录像带及机读磁卡材料等，这些材料都较易损毁，对企业的档案管理工作十分不利。所以，采取有效的措施，最大限度地延长档案寿命，是每个管理人员在档案保管过程中都必须重视的一项工作。具体来说，档案安全保管可采取以下措施。

1. 对档案进行适当包装

选择档案的包装方式时，管理人员应考虑以下因素。

（1）档案种类，如档案的重要性、制作材料等。

（2）库房条件，如干燥、通风和避光等。

（3）环境要求，如防尘、防污染及减少机械磨损等。

（4）制作成本：在保护效果相同的情况下，管理人员应当选用比较经济适用的办法。

（5）档案取放方便程度。

2. 合理排放案卷

将案卷排放到档案架上时，管理人员应将同一时期、同一系统或相同性质的全案排放到一起；同时，必须严格按照已经确定的分类体系和案卷顺序进行排列，以保持案卷之间的联系。

案卷存放方式有两种：竖放和平放。竖放方便案卷检索，但从更好保护档案的角度看，平放的方式更为有利，因为平放时文件会被自然压平，而不会起皱开裂。对于珍贵档案的保管，管理人员更应采取平放方式。为了方便取放和避免文件过重受压，平放的案卷堆叠高度一般不宜超过40厘米。

3. 创造适宜的库房条件

按照档案保管的技术要求，科学地控制库房的温度和湿度，保持有利于档案存放的库房环境和库内卫生条件，是做好档案保管工作的重要保障。

4. 建立防火制度

防火是档案保管中最重要和最常见的工作，一项完善的防火制度应包含以下几项内容。

（1）加强检查，消除一切火灾隐患。库房内应严禁吸烟，管理人员定期检查各种电气设备，有隐患的设备应立即修理，规模较大的库房还应安装避雷针。

（2）提前做好灭火准备。灭火准备包括物质上的准备和思想上的准备。物质上的准备主要是将灭火工具、水源、沙袋等放在便于取用的地方；思想上的准备主要是指平时经常进行防火教育，学习防火方面的理论知识和技术方法。

（3）拟订档案抢救方案。管理人员要根据档案的重要程度、机密程度和库房条件，拟订几套抢救方案，以便火灾发生时能够合理安排搬运路线，抢救最贵重的档案，避免抢救过程中失密现象的发生。

（4）火灾发生后的措施。火灾一旦发生，管理人员应迅速通知消防机构，同时迅速组织人员沉着抢救，维持现场秩序。

5. 定期进行安全检查

管理人员只有定期对库房进行安全检查，才能及时发现和消除安全隐患，保护档案的安全。安全检查中，最重要的是认真进行防火检查，以确保防火管理工作得到切实施行。

6. 建立严格的保密制度

档案是企业的重要财富，特别是一些机密档案，对企业的生存发展具有重大意义，一旦失密、泄密，将会给企业造成巨大的损失。因此，建立严格的保密制度，是企业档案保管的关键一环。

开展保密工作时，相关人员首先应堵住泄密渠道。泄密渠道主要如下。

（1）库房管理人员管理失职造成泄密。

（2）非库房管理人员进入库房时盗窃和破坏。

（3）管理人员在非工作时间和场所谈论档案内容造成泄密。

（4）现代管理工具（如计算机）泄密。

明确了泄密渠道，相关人员应时刻提高警惕，建立一套严格的保密制度，杜绝一切失密可能。这一制度要求管理人员做到如下几点。

（1）管理人员要做好防盗工作，堵塞管理中可能存在的泄密渠道，绝密档案应该放入保险柜，在专门的地点保存。

（2）非库房管理人员未经批准不得入库，确需入库时，出入库房时应仔细登记和检查，进入机密库房时，管理人员应执行更为严格的管理制度。

（3）加强计算机系统的安全管理，防止内部工作人员和电脑黑客窃密。

7. 防止档案搬动过程中的磨损

当库房内的档案需要搬动时，相关人员必须轻拿轻放，防止档案被磨损和污染。当搬动档案数量较多时，应配备小型手推车等机械搬运工具。

8. 及时修复破损档案

管理人员必须及时发现和修复破损的档案，以便档案能够长久保存和利用。档案修复是一项技术性很强的工作，企业必须设立专门的档案修复室统一进行修复。

档案修复工作的主要程序如下。

（1）接受登记。档案送往修复室后，相关人员必须对其所属单位、档案份数进行详细登记，以避免档案遗失和混乱。

（2）进行技术鉴定。档案修复人员对档案进行除尘、消毒后，应对其进行全面的技术鉴定，根据其字迹、纸张成分、质量和毁损程度，选择适合的修复方法，以免因修复方法不当而使档案遭受进一步损坏。

（3）采用合适的方法修复档案。

（4）将修复好的档案及时交给库房管理人员归位。

总之，档案保管是一个系统工程，每一步都要尽可能做到完善，以免造成不必要的损失。

关键点提示

档案保管的主要措施有：

1.对档案进行适当包装；2.合理排放案卷；3.创造适宜的库房条件；4.建立防火制度；5.定期进行安全检查；6.建立严格的保密制度；7.防止档案搬动过程中的磨损；8.及时修复破损档案。

3.4 如何建立档案利用制度

工作场景描述

当需要充分利用档案资源时，可查看。

解读与分析

相关人员对文件资料进行归档，并对归档文件进行科学整理和有效保管，最终目的都是充分开发、利用档案信息资源，从而使档案真正为企业的发展服务。

一套完整的档案利用制度应包含以下内容。

1. 建立网络化管理机构

相应的机构和合适的人员是开发、利用档案的先决条件。一般情况下，企业需设立档案室，集中负责企业的各项档案管理工作。企业档案室由总经理办公室领导。各部门设立相应的档案管理机构和档案管理职位，管理属于本部门的档案，并由企业档案管理机构对其实行网络化管理，可使企业和部门两级档案管理机构实现良性互动。也就是说，一方面，企业档案室对各部门档案管理机构负有指导、监察、督促和把关的职责；另一方面，各部门档案管理机构要及时向企业档案室反馈其工作情况。

2. 编制检索目录

编制科学有效的检索目录，是建立档案利用制度的首要任务。

档案检索目录的编制过程，实质上是由一次文献（原始档案）向二次文献（检索目录）的转化过程。首先，相关人员根据检索的实际需要和各类检索目录的特征确定编制类型；然后，对原始档案进行主体分析，将其内容和形式、特征按照一定格式著录在卡片或簿册上，成为一条条的记录，即条目，并将每个条目的首行或首项作为标引，形成原始档案的检索。

3. 明确外借范围

一般来说，归档的案卷不予外借，只能在档案室内查阅，而未归档的文件资料可以外借，这样才能保证全案的整体性，便于档案的分类整理。

4. 严格执行当场查阅制度

出于安全和保密方面的考虑，外单位人员只能当场查阅档案，且必须持有单位介绍信并经总经理批准。查阅者需对档案进行摘抄的，亦应经总经理同意，并且相关人员要对其摘抄材料进行严格审查。

5. 规范外借程序

只有规范档案外借程序，才能既保证档案资源得到充分利用，又防止档案资源遭受人为损毁和泄密。规范的外借程序应包括以下几个环节。

（1）明确调阅范围。企业各部门经办人员所借阅的档案应与其经办业务有关，确需调阅与经办业务无关的档案时，必须经档案管理部门同意。

（2）规范调阅程序。各部门经办人员须调阅档案时，应认真填写“调案单”，管理者核查无误后，填注借出日期，并将“调案单”按约定归还日期的先后进行整理，以备催还。

“调案单”以一单一案为原则，一般规定1～2周的借阅时间，特殊情况下须延长借阅时间的，应按调阅程序重新办理。归还档案时，档案管理人员须对档案进行审查，核查无误后将档案归入档案夹，并将“调案单”留存备查。

6. 做好借阅中的保密工作

（1）秘密级以上的档案必须经总经理批准才能借阅。

（2）管理者要对归档的文件资料进行严格审查，一旦出现泄密情形，应依据《中华人民共和国保密法》追究相关人员的责任。

（3）采用计算机检索时，管理者更应加强计算机安全管理，防止因计算机安全问题泄密。

总之，企业要建立档案利用制度，既要充分发挥档案这一重要信息资源的作用，又要做好保密工作，宽严适度。这是企业档案制度的重要内容。

关键点提示

企业建立档案利用制度时应主要把握好以下环节：

1.建立网络化管理机构；2.编制检索目录；3.明确外借范围；4.严格执行当场查阅制度；5.规范外借程序；6.做好借阅中的保密工作。

3.5 如何进行档案清理

工作场景描述

当需要对档案进行清理时，可查看。

解读与分析

随着时间的推移，有些档案已经失去保存的价值，档案管理人员必须及时加以清理，以缓解档案管理的压力，为接收新的档案提供便利。档案清理工作应按如下步骤进行。

1. 审查鉴定档案价值

档案管理人员和技术人员应做好档案保存价值的定期鉴定工作，鉴定标准如下。

（1）档案的形成时间。

（2）档案内容的机密程度。

（3）档案的利用价值。

2. 确定有价值档案的保存期限

保存期限应视档案形成时间、内容重要程度、可靠性、有效性等因素划定，一般分为永久保存、10年保存、5年保存和1年保存几种。

总之，档案的清理工作并不是一份轻松的工作，相关人员需要仔细分类和认真操作，稍有不慎，就会造成无法挽回的损失。

3. 销毁失去保存价值的档案

通过审查鉴定，确定失去保存价值的档案后，档案管理人员应对其进行销毁。销毁的手续如下。

（1）制作“作废档案焚毁清册”，注明档案的档号、销毁理由及形成时间。

（2）将清册呈交总经理核准。

（3）在特定地点由焚毁执行人员和监焚人员对清册上的档案进行分类销毁。

（4）在销毁档案的原目录表附注栏内注明销毁日期。

关键点提示

清理档案的步骤为：

1.审查鉴定档案价值；2.确定有价值档案的保存期限；3.销毁失去保存价值的档案。

3.6　如何进行声像档案管理

工作场景描述

当需要对企业的声像档案进行整理以存档时，可查看。

解读与分析

声像档案是企业档案的重要组成部分，由于采用声像这一特殊载体形式，因而其在归档、整理、保管、开发、利用等各个环节，都有一些不同于一般纸质档案的要求。相关人员只有明确了这些特殊要求，才能对声像档案进行妥善管理。

1. 严格归档要求

声像档案管理的特殊要求如下。

（1）声像资料的内容务必真实。

（2）管理部门原则上只接受原版、原件，特殊情况下可以接受复制件，但复制件内容与原版、原件一定要完全相同。

（3）声像资料形成后的一个月内，随同采用其他形式保存的档案一起归档，特殊情况下可适当延长归档时间。

2. 采用特殊分类编号，编写文字说明

（1）声像档案适于采用年代分类法，按时间或内容顺序在全案内编号。由于其必须随同采用其他形式保存的档案一起归档，故相关人员必须编注与其他载体档案相联系的参照号，格式为：声像档案档号和非声像档案档号。

（2）由于声像档案缺乏明确的文字信息，因而必须为其编写文字说明。文字说明的编写应符合以下要求：准确揭示档案资料的内容、事由、时间（用阿拉伯数字表示）、地点、人物、背景、作者，文字简洁，语言通顺。照片一般以自然张为单位，录音带、录像带、摄像带一般以案卷为单位编写文字说明。

3. 提供合格的保管条件

声像档案对保管条件有特殊的要求，因此相关人员必须创造合格的条件，确保声像档案长期保存。

4. 拓宽利用范围

声像档案除了可以通过借阅方式加以利用外，还可以在不影响保密的前提下，利用其举办各种报告会、展览会，编辑综合性或专题性画册、资料片等，以充分发挥声像档案的价值和作用。

总之，对声像档案的整理和利用已是必然的发展趋势，相关人员对此要有充分的思想认识和必要的技术能力。

关键点提示

在声像档案管理中，应特别注意以下要求：

1.严格归档要求；2.采用特殊分类编号，编写文字说明；3.提供合格的保管条件；4.拓宽利用范围。

3.7　如何进行科技档案管理

工作场景描述

当需要对科技档案进行整理、存档，以加强管理时，可查看。

解读与分析

科技档案对企业的发展起着至关重要的作用，因此企业对科技档案应高度重视，实行专门管理。企业科技档案部门的主要任务如下。

1. 系统、准确地归档

科技档案的价值较大，直接关系到企业的经营目标是否能实现，这对其归档工作提出了更高的要求。企业必须做到各项工程、技术活动、引进项目等的资料都要系统、准确地归档保存。

2. 选取合理分类方法

科技档案一般应按以下方法分类。

（1）有关设备方面的图纸、文件资料，包括各种原理图、说明书、维修手册等。

（2）有关工程方面的一系列原始材料，包括设计图、协议书、施工图、竣工图等。

（3）有关科教、技术革新方面的材料，包括技术革新图纸及批文、专业教学计划、审批文件等。

3. 充分挖掘科技档案的价值

将科技档案分类后，经过编目、编号、编制检索工具等工作，便可进入科技档案的借阅环节，为企业科技人员提供学习与研究上的便利，从而增强企业的核心竞争力。

除此之外，在不影响保密的前提下，企业还应充分利用科技档案资源举办各种展览，塑造企业形象，或者对已获得专利的科技档案实行技术转让，使科技档案在流通中增值。

4. 定期做好科技档案的价值鉴定工作

此项工作应由管理人员、相关专业人员和科技档案人员共同进行。对于已失去保存价值的档案，相关人员应及时销毁，以满足技术不断进步的需求。

总之，科技档案的利用和管理，需要相关技术做保障，相关人员要抽出时间，对此进行专门的学习。

关键点提示

企业管理科技档案时要做到：

1.系统、准确地归档；2.选取合理分类方法；3.充分挖掘科技档案的价值；4.定期做好科技档案的价值鉴定工作。

3.8 如何区分不同的印章

工作场景描述

当需要了解印章的种类时，可查看。

解读与分析

区分不同的印章是正确使用印章的基础，因此，在了解印章管理制度前，首先要明确印章的分类，这对于企业来说非常重要。一般来说，印章主要包括以下几种。

1. 印鉴

印鉴指的是企业向主管机关登记的企业印章或指定业务专用的企业印章。一般来说，印鉴根据不同企业的具体情况可以分为刻有企业全称的企业印（1号）、企业名印（2号，股份公司用）、分公司名印、工厂名印等。它用于较为重要的文件或表格，特别是在对外使用时，印鉴代表的是企业。印鉴的权威性和严肃性必须得到切实的保证。

2. 职章

职章指的是董事长、总经理使用的刻有企业名衔及职别的印章，以及刻有职别及特定业务专用的主管印章。

一般来说，根据具体职衔的不同，职章主要包括董事经理、董事副经理、常务董事、董事、监事等职务印章，财务部长（银行专用）、研究所所长等部长印章，某分店经理或分厂厂长印章，以及其他高级职员名章等。职章用于需要明确用印责任的场合，用印责任属于企业责任制的一部分。

3. 职衔签字章

职衔签字章指的是企业中层以上主管刻有职衔及签名的印章，是在职务印章的基础上加上使用者签名的印章，也是企业强化责任制的内容之一。

4. 部门章

部门章指的是刻有企业及部门名称的印章。

一般来说，部门印章根据企业的具体组织结构，可以划分为总务部印章、物资部印章、财务部收据专用印章、财务部申请专用印章及其他不同部门印章等。需特别注意的是，不对企业外行文的部门章需加注“对内专用”字样。

5. 校对章、骑缝章、附件章

这几种印章指的是刻有企业名称及“校对章”“骑缝章”“附件章”等字样的印章。

掌握印章的分类主要有以下几个步骤：

（1）识别不同的印章；

（2）明确不同印章的使用者；

（3）明确印章的使用场合；

（4）理解不同印章的意义。

总之，区分不同的印章是正确认识和使用它们的基础。通过区分印章严格职权，对于企业而言具有十分重要的意义。使用和管理印章前，相关人员一定要牢记印章分类的具体内容。

关键点提示

印章的种类包括：

1.印鉴；2.职章；3.职衔签字章；4.部门章；5.校对章、骑缝章、附件章。

3.9 如何确定印章的使用范围

工作场景描述

当需要了解不同印章的使用范围时，可查看。

解读与分析

了解了印章的基本分类之后，是否明确其使用范围对能否正确使用和管理印章会产生重大影响。因此，正确掌握不同印章的使用范围，对于企业来说具有十分重要的意义。

1. 对外使用公章的种类

可以用于以企业名义进行的对外活动的印章主要包括企业章、企业业务专用章，具体可分为办公室章、人事部章、计划财务部章、国际合作部章、合同专用章等。

2. 企业章的使用范围

企业章作为企业对外行为的重要信用符号，其严肃性必须得到保证。一般来说，企业章的使用范围应该严格限定为以下几种。

（1）以企业名义上报总公司的报告和其他文件。

（2）以企业名义向上级国家机关和管理监管部门发出的重要公函和文件。

（3）与有关同级单位的业务往来、公函文件和联合发文等。

要特别注意的是，凡是以企业名义对外发文、开具介绍信、报送报表等，一律要加盖企业法人章。

3. 企业业务专用章的使用范围

企业业务专用章是企业对外活动的一种重要工具，其使用范围如下。

（1）办公室章。它用于以办公室名义向企业外发出公函和其他文件等情况。

（2）人事部章。它用于有关人事、劳资等方面的具体业务。

（3）计划财务部章。它用于有关计划、财务等方面的具体业务。

（4）国际合作部章。它用于国家间交往、业务联系、接待、组织国际会议等方面的业务。

（5）合同专用章。它用于以企业名义签订的协议、合同等。

总之，明确不同印章的使用范围，对于维护企业的信誉具有十分重要的现实意义。要想建立严格的印章使用管理制度和责任制度，相关人员必须掌握相关知识。

关键点提示

印章使用范围方面的知识包括：

1.对外使用公章的种类；2.企业章的使用范围；3.企业业务专用章的使用范围。

3.10　如何申请刻制、使用新印章

工作场景描述

当需要申请刻制、使用新印章时，可查看。

解读与分析

印章在使用过程中会出现破损、丢失和作废的情况，这时需要使用新的印章，相关人员了解如何申请刻制、使用新印章具有十分重要的意义。一般来说，申请刻制、使用新印章要依照以下程序。

1. 提出申请

结合企业印章的使用和管理情况以及某一具体工作对新印章的需要，相关人员依照规定向上级提出刻制新印章的申请。

一般来说，申请内容必须包含申请理由，新印章的种类、名称、使用范围和管理权限等方面的详细说明。如果在申请新印章的同时需更换或废止旧印章，还应对旧印章的种类、名称、使用范围和管理权限等做出相应的说明。

2. 审核批准

刻章申请提出后，应由企业总经理根据实际情况和有关规定，决定是否批准刻制并使用新印章，如批准，则必须确定即将批准使用的新印章的具体名称、种属、使用范围、管理权限以及规格、图样等。开具核准介绍信后，相关人员方可到正规的刻印社刻制新印章。

3. 刻制登记

得到总经理的批准之后，新印章的刻制和登记事宜交由秘书长或办公室主任负责，刻好之后，保留印模，新印章移交印章保管人员管理。印章保管人员在接受新印章时，必须进行登记和办理移交登记手续。

如果在新印章刻制、登记的同时还要废止旧印章，旧印章的指定管理人员必须迅速地将废止的印章上交秘书长或总经理办公室主任。

4. 启用新印章

确定新印章管理归属之后，须由管理人员做好戳记，留样保存，以备查验。正式启用前，总经理办公室要事先印发启用新印章的通知。在通知中，相关人员要注明启用日期、发放单位和使用范围。一般来说，启用的新印章应用蓝色印油，以示首次使用。

总之，申请刻制、使用新印章是印章日常管理中经常遇到的一个问题，为确保印章使用的严肃性和管理的规范性，相关人员必须严格遵循申请程序。

关键点提示

印章的申请刻制、使用程序如下：

1.提出申请；2.审核批准；3.刻制登记；4.启用新印章。

3.11　如何在工作中正确使用印章

工作场景描述

当需要确保在日常工作中正确使用印章时，可查看。

解读与分析

日常工作中，企业经常使用各种印章。能否正确地使用它们，对于企业日常工作能否正常进行的影响很大。一般来说，使用印章时应主要注意以下几个问题。

1. 用印原则

在明确印章分类和不同印章使用范围的基础上，日常的用印必须严格遵循以下几个原则。

（1）与企业经营有重大关系，涉及政策性问题或以企业名义向税务、金融等机构的行文，盖企业章。

（2）以企业名义向国家机关团体、其他企业核发的证明文件及各类规章的核定、裁决文件等由总经理署名，除盖企业章外，还应盖总经理职衔章。

（3）以部门名义在授权范围内向厂商、客户等的行文由部门经理签名，盖部门经理职衔章。

（4）各部门在经办业务的权责范围内行文及收发文件时，盖部门章。

2. 用印手续

为了确保用印的严肃性和进行严格的权责划分，印章的使用必须确立一些既严格又不影响工作效率的手续。根据印章的不同类别，具体手续如下。

（1）相关人员使用本企业或高级职员名章时应先填写“企业印章申请表”，写明申请事项，征得同意后连同需盖章文件一并交印章管理人，报总经理批准。

（2）相关人员使用分部及分公司高级职员名章时，须在取得公司经理（或分部经理）的认可后，将需盖章文件呈递给总公司主管此类事务的经理，由主管经理审查同意后交印章管理人。

（3）相关人员使用部门印章、分部及分公司印章时，同样需要在申请单上填写用印理由，然后送交所属部门经理，获得认可后，连同用印文件一并交印章管理人。

印章管理人在审查之后，经过批准程序，将文件名称及制发文件人姓名记入一览表，以便查考。在确立用印规范过程中，企业必须明确印章管理人的责任。

3. 用印方法

用印方法的规范化问题是企业在印章使用过程中特别容易忽略的问题，也是企业必须特别关注的问题。企业应严格按照规范使用印章。使用印章时，企业必须注意以下几点。

（1）企业印章应盖在文件正面。若必须在文件的空白页上盖章，则应在盖章处注明“此页无内容”。必要时应盖骑缝章。

（2）除有另行规定或文件形式无固定要求之外，一般印章盖于企业名称，部门名称，分部、分公司名称的右侧，并压住名称。企业名章与职务名章并用时，企业名章盖于横写名称中间或竖写名称下方，职务名章盖于横写职务名称的右下方（竖写时盖于下方）。

（3）盖企业名章时，除有特殊规定外，一律用朱红印泥。

（4）文件张数很多，一张张盖章比较麻烦时，得到经理批准后，相关人员可采取套印印刷方式。

4. 代理用印及用印手续的简化

有时，由于一些客观原因，印章使用具有紧迫性，这时需要实施代理用印。按照正确的用印方法使用过印章之后，代理用印者必须事后将用印依据和用印申请单交印章管理人审查，用印依据及用印申请单上应有代理人印章，以确保事后责任与代理人直接挂钩。

此外，为提高工作效率，有时企业需要简化用印手续，如常规用印或需要再次用印的文件，在事先与印章管理人取得联系或有文字证明的情况下，可省去填写申请单的步骤。必须注意，要慎用这一简化程序，对其进行严格控制。

总之，使用印章时必须做到有章可循、责任明确、监管严格，相关人员应自觉地遵循企业的印章使用规定。这是制度化建设的重要部分，在日常工作中，相关人员应严格执行用印的规章制度，正确地使用印章。

关键点提示

印章使用的内容包括：

1.用印原则；2.用印手续；3.用印方法；4.代理用印及用印手续的简化。

3.12　如何保管印章

工作场景描述

当需要更好地对印章进行日常保管时，可查看。

解读与分析

印章的日常保管应本着既严格管理，又方便使用的原则，以确保企业正常的工作秩序不受影响。因此，保管制度的严格性同便利性是相辅相成的。

一般来说，相关人员进行印章的日常保管时必须注意以下两点。

1. 建立日常保管制度

为使印章的保管有章可循，企业必须建立一套严格的日常保管制度，并且教育职工严格遵守。

保管印章的目的是避免使用时产生不便和混乱。

一般来说，印章日常管理制度的要点主要有以下几点。

（1）企业印章采取分级保管的制度，各类印章由各岗位专人依职权需要领取并保管。

（2）印章必须由专人妥善保管，不得擅自委托他人代管。

（3）相关人员领取和归还印章时，须按要求填写印章使用单。

（4）印章使用后，印章使用单作为使用印章的依据，由印章保管人留存，印章保管人定期整理后交办公室归档。

（5）印章原则上不许带出企业，对确需将印章带出使用的，相关人员应填写印章使用单，载明事项，提交审核，经同意后由两人以上共同前往目的地，方可携带使用。

（6）印章保管人员离职时，须办理归还印章手续，作为工作交接的重要组成部分。

在日常工作中严格遵守这一套管理办法具有十分重要的现实意义，否则会导致印章管理的混乱，给企业造成重大的损失。

2. 明确保管人责任

重要印章保管人或授权委托人对其所保管的印章的使用拥有决定权，是印章使用权限人，企业对其加强监管，明确其责任，是使印章保管制度化的重要保证。但受印章保管人委托的代管印章者，不享有此权限。

一般来说，印章保管人的责任主要如下。

（1）保管人必须妥善保管印章，不得遗失。如遗失，必须及时报告。

（2）保管人必须严格按照企业对印章使用的规定使用印章，未经规定程序，不得擅自使用。

（3）使用时，保管人对文件和印章使用单填写情况予以审核，同意的则予以用印，否决的则退回。

（4）保管人要检查需使用的印章是否与文件内容相符，如不符，则不予盖章。

（5）印章使用中违反规定，给企业造成损失的，对违纪者予以行政处分；造成严重损失或情节严重的，移送有关机关处理。

在日常工作中，一般印章可由委托保管人在部门经理的监督下使用，从而省去了逐级审查的程序。

总之，印章的日常管理是否严格，决定了使用时是否便利和事后责任是否清晰，相关人员在保管印章过程中一定要严格遵照以上办法。

关键点提示

印章日常保管的要点有：

1.建立日常保管制度；2.明确保管人责任。

3.13　如何处理废止印章

工作场景描述

当需要清理废止印章，妥善处理意外情况，方便日常管理时，可查看。

解读与分析

印章在使用中难免会出现破损、遗失的情况，或新的业务需要使一些印章失去作用。这种情况下，管理者应正确处理废止印章，妥善处理意外情况，这对于企业印章的日常管理和使用十分重要。

1. 废止申请的提出

同申请刻制新印章一样，废止申请须由总经理办公室主任提出。

一般来说，在废止申请中，必须注明废止印章的名称、种类、规格、使用范围、管理责任者以及废止理由。如果在废止旧印章的同时还需要申请新印章的刻制，申请中必须一并附上新印章的名称、规格、管理权限等材料。

2. 废止印章的处理

提出废止申请后，应由原保管人员填写“废止申请单”，由印章管理部门向总经理呈递，经总经理核准后方可废止。

对于已被核准废止的印章，应由印章管理部门视实际情况予以封存或销毁，具体分为以下两种情况。

（1）一般情况下，废止印章由办公室加封并注明废止日期，之后可在保险柜中保存三年，三年后由办公室主任等相关人员（三人以上）共同销毁并签字留存废止单；

（2）特殊情况下，废止印章可由办公室主任等相关人员（三人以上）共同即时销毁或另行长期封存，但必须写明相应的理由，签字留存废止单。

管理者对废止印章的处理必须十分谨慎，以避免给工作带来不便。

3. 意外情况的处理

当企业印章发生散失、损毁、被盗等情况时，为防止印章外流给企业造成重大损失，印章的管理者应迅速地向企业递交说明原因的报告书，总经理办公室主任则根据情况采取相应的防范和补救措施。

总之，废止印章的处理也是印章管理中不可忽略的重要环节。为确保废止印章得到及时、正确的处理，相关人员一定要严格遵循时效与程序相结合的原则。

关键点提示

废止印章管理的内容包括：

1.废止申请的提出；2.废止印章的处理；3.意外情况的处理。

第4章

行政日常工作常见问题

行政部门的日常工作是将企业各个部门连接起来，使企业高效运转。考勤、出差事项办理等日常工作的每个细节，都关系着工作效率与部门间联系的顺畅度，所以，相关人员需要不断提升工作水平和相关工作技能。

4.1　如何明确考勤人员职责

工作场景描述

当需要明确考勤人员职责，以保证其有效工作时，可查看。

解读与分析

考勤人员是考勤制度的具体执行者，他们是否正确履行职责直接关系到考勤制度能否得到有效落实。因此，明确考勤人员的职责及其工作程序，对企业建立严格的考勤制度十分重要。

一般来说，考勤人员的职责如下。

1. 日常考勤记录

日常考勤记录是考勤人员的日常工作，考勤人员必须按照考勤制度的具体规定逐日如实记录员工到岗、离岗和休假时间。

日常考勤记录工作中，考勤人员必须按规定认真、及时、准确地记录考勤，填写考勤情况记录表，管理好考勤工作。

2. 反映考勤工作问题

考勤工作中，难免会出现各种问题，长期积累可能会导致员工工作纪律松懈，破坏考勤制度的严肃性。考勤人员的重要职责之一就是要根据日常考勤情况及时发现工作中的问题，并积极反映，以使其得到正确的处理。

这项工作可能直接涉及违反考勤纪律人员的切身利益，为防止出现考勤人员因各种主、客观原因徇私舞弊的情况，一方面，企业要尽量挑选那些公正无私的人担任考勤职务；另一方面，总经理要及时关注并解决考勤人员反映的问题，激励考勤人员负责任地工作。

3. 汇总上报情况

考勤情况汇总表是一段时期内考勤工作的综合报告，考勤人员应该认真做好资料的汇总整理工作，按规定在每月月底填写考勤情况汇总表（把各种假条附后），经部门经理审核签署后将其送人事部。

对于员工的加班情况，考勤人员也应在月底的考勤情况汇总表中如实反映，上报人事部。汇总工作关系到考勤奖惩的落实，考勤人员整理时要制作一目了然的明细报表，以提高人事部的工作效率。

4. 保管休假凭证

考勤人员的另一个重要职责就是保管好企业员工的各种休假凭证，并认真分类整理，以便查询。

考勤工作十分重要，企业必须建立与考勤人员职责配套的奖惩办法并严格执行，以形成对考勤人员的激励机制。

一般来说，对于认真负责、一丝不苟的考勤人员，人事部要通过一定形式的公开奖励来树立榜样。对于在考勤工作中漏报、谎报、错报的人员，一经查出，除公开批评和实行经济惩罚外，严重的要将其调离相关岗位。

总之，考勤人员是一切具体考勤制度的直接落实者，考勤人员职责明晰与对其工作负责将是严格执行考勤制度的重要保障。在考勤管理中，人事部绝不能忽略对考勤人员的监管和检查。

关键点提示

考勤人员的职责有：

1.日常考勤记录；2.反映考勤工作问题；3.汇总上报情况；4.保管休假凭证。

4.2 如何完善职工请假、休假制度

工作场景描述

当需要完善职工的请假、休假制度时，可查看。

解读与分析

日常工作中，员工可能会因各种原因提出请、休假的请求。请、休假审核得严格与否，将直接影响企业的生产经营秩序是否正常、员工的士气是否饱满。因此，为避免请、休假对正常工作造成负面影响，企业必须在审核阶段严格把关。

一般来说，请、休假制度主要包括以下几部分。

1. 员工请、休假申请核准

员工请假或申请休假时，除应出示写明充分请假理由的假条上交人事部备案外，还要注意必须根据假种和相关规定附上相关证明材料，以备查询核实。

2. 例常假规定

例常假指的是根据国家规定实行的普通休假。在正常情况下，企业职工依法享有休例常假的权利。目前，例常假主要有以下几种。

（1）元旦。

（2）春节。

（3）清明节。

（4）端午节。

（5）劳动节。

（6）国庆节。

（7）法律、法规规定的其他休假。

特殊情况下，如必须在例常假日内加班，企业应按照法律规定给予员工加班津贴。

3. 请、休假分类规定

员工的请、休假应该有一个详细具体的分类，常见的有以下几种。

（1）事假，分为有薪事假和一般事假两种，前者一般在每月不满一定天数（如3天）的情况下照发工资，后者则不发工资。

（2）病假。员工因病无法正常工作时，可凭医院的病休证明请假。

（3）工伤。因公负伤、因公致残的员工，持医院证明，经人事部确认，可按工伤假考勤规定处理，工伤假期间工资照发。

（4）婚假。员工结婚持结婚证书可享受婚假。另外，子女结婚、兄弟姊妹结婚也可酌情请假。需要注意的是，婚假不能分段使用。

（5）产假。女员工生育享受产假。

（6）丧假。员工直系亲属或姻亲死亡，人事部可适当准假，外地员工可酌情计路程假，假期期间工资照发。

（7）探亲假。探亲假可适当地解决职工同亲属长期远居两地的探亲问题。

请、休假分类规定应让员工及时、准确地了解。

4. 特别休假规定

特别休假指的是各部门根据具体情况自行安排的假期以及加班倒休的情况。

对特别休假，一般有如下规定。

（1）每年元月由部门在不妨碍工作的前提下，自行安排休假日期。特别休假表一式两份，一份留存部门，一份逐级转呈各部（室）经理（主任）核阅后，送人事部备查。

（2）特别休假期间，员工应按规定办理请假手续，并确定好职务代理人，办妥职务交接后才能请假。

（3）基于业务上的需要不能休假时，企业可发给员工奖金。

（4）对于前一年事、病假累积超过一定天数或旷工超过一定天数者，不给予特别休假待遇。

（5）员工平日加班按实际加班时间给予同等时间休假，确实不能倒休的，可按本人日平均工资的一定比例计发加班工资。

（6）倒休存假一般不能跨年使用。

对特别休假，企业应进行严格的记载管理。

5. 旷工、休假逾期处理规定

为严肃企业纪律，对旷工的员工，企业应按规定予以严肃处理。

一般来说，以下几种情况都以旷工论处。

（1）以不正当手段骗取、涂改、伪造休假证明。

（2）未请假或请假未获批准，擅自离岗。

（3）不服从工作调动，经教育仍不到岗。

（4）被公安部门拘留。

（5）打架斗殴、违纪致伤造成无法上班。

对于旷工的员工，一律扣发工资，严重者应予以辞退。

另外，员工因主、客观原因休假逾期，可按以下规定处理。

（1）事假逾期按日计算扣发工资，1年内事假累计超过一定天数者，企业可将其免职或解雇。

（2）病假逾期可以用未请事假的假期抵消，事假不敷抵消时按日计算扣发工资，但患重大疾病需要长期疗养并经总经理核准者不在此限。

（3）特准病假期间，薪金可折算一定比例发放。

（4）员工休假期满而未到岗且不是疾病或其他特殊原因时，一律按旷工处理。

总之，严格的请、休假制度能在企业内部起到凝聚人心、严明纪律的作用。企业应依据一定的标准，完善请、休假制度，使请、休假制度更好地发挥奖勤罚懒的作用。

关键点提示

请、休假制度的内容包括：

1.员工请、休假申请核准程序；2.例常假规定；3.请、休假分类规定；4.特别休假规定；5.旷工、休假逾期处理规定。

4.3　如何衡量考勤工作绩效

工作场景描述

当需要通过考勤调动员工积极性、严明纪律时，可查看。

解读与分析

考勤工作的根本目的在于建立日常约束和激励的机制，使员工自觉形成纪律观念，进而加强企业整体的凝聚力和战斗力。因此，能否有效地汇总、检查考勤情况是衡量考勤工作绩效的关键。

一般来说，考勤工作的绩效评价主要包括以下几部分。

1. 考勤结果汇总

考勤制度作为企业内部的一项长期制度，相关人员除了要加强日常管理，严格进行考勤登记外，还需要定期对一个阶段总的考勤情况进行整理汇总并呈报上级，使各项以考勤情况为依据的奖惩办法能及时、准确地得到落实。

一般来说，由负责考勤的人员定期整理考勤情况，制作考勤情况汇总登记表，并将各种假条和加班情况登记材料附后，在每月月底将汇总登记表呈送部门经理，经其核准签署后送人事部。

2. 实行记分管理

为使考勤结果有一个明确的量化标准，企业可实行考勤结果记分管理办法，特别是在定期的考勤结果汇总公示过程中，一目了然的量化标准往往可以极大地加强员工对自身行为的约束力度。

一般来说，考勤记分标准可以规定如下。

（1）每迟到一次扣一定分数。

（2）每早退一次扣一定分数。

规定了具体标准之后，一般企业还要附上相应的奖惩办法。

（1）每扣一定分数，减少一定比例的当月薪金。

（2）每加一定分数，增加一定比例的当月薪金。

这些标准都要公示，让全体员工及时、准确地了解。

3. 实行休假奖惩管理

针对部分员工可能出现滥用企业休假管理规定、以休假为由擅自离岗的情况，企业除应加强休假申请核准管理之外，还应该使休假期限与薪金奖惩直接挂钩，以使员工正确地理解企业制订休假制度的目的。

4. 实行全勤和旷工奖惩管理

企业要对无故旷工员工给予特别严厉的处罚，以儆效尤；对于长期严格遵守考勤制度、自觉维护企业纪律的员工，企业则应当给予适当奖励，以树立榜样，使考勤制度得到切实有效的贯彻执行。

企业要将坚守岗位、出满勤、干满点、尽职尽责、坚持原则、敢于与不良倾向作斗争等情况，作为年终考核的重要内容，给予符合条件的员工表扬和奖励，发给其相当数额的奖金。

总之，考勤制度的严格与否最终体现在落实阶段，企业要将考勤结果同员工的奖惩直接挂钩，促使员工自觉遵守企业的各项考勤制度，营造良好的劳动纪律氛围，从而保证企业完成各项生产经营任务。

关键点提示

考勤工作绩效评价的内容主要包括：

1.考勤结果汇总；2.实行记分管理；3.实行休假奖惩管理；4.实行全勤和旷工奖惩管理。

4.4　如何制订规范、有效的国内出差制度

工作场景描述

当需要制订规范、有效的国内出差制度时，可查看。

解读与分析

国内出差是最普遍的一种出差形式。有的部门国内出差的频率相当高。

因此，制订一套规范、有效的国内出差制度，对于提高国内出差活动效率来说，是十分必要的。

1. 出差申请程序

员工需要进行国内出差时，应由出差人亲自填写“出差申请单”，并按照程序由部

门主管核定签字。最后，应由出差人上交行政办公室备案。

“出差申请单”上通常应注明以下几点内容。

（1）出差人姓名。

（2）预定出差时间。

（3）出差地点（有多个地点时，按照实际出差顺序填写）。

（4）出差具体任务（此栏应着重、具体填写）。

（5）预计出差费用，包括车旅费、伙食费、住宿费、通信费用等。

2. 出差审批程序

出差审批的关键在于：企业应当明确出差审批权限的具体归属，即要严格管理出差审批权限。出差审批权限应视出差人员的职位高低、出差范围以及具体出差时间长短来定。

“出差申请单”经核准后，出差人可以凭费用预支单，去财务部门办理相应的费用预支手续。

一般来说，出差人应当遵循以下原则。

（1）出差人必须遵守出差制度的各项具体规定。

（2）遇特殊情况时，出差人应先与部门主管取得联系，如需要延长出差时间、出差任务有变动等。

（3）遭遇紧急情况时，出差人可先依情况酌情处理，之后再与部门主管或总经理取得联系，汇报情况及具体解决办法。

（4）出差人应以完成预定的出差任务为首要目标。

3. 出差消差程序

出差任务完成，出差人回到企业后，应该立即到有关行政部门消差，尽快上交详细的出差报告，并向部门主管汇报出差任务的完成情况。

必要时，可由部门主管进一步向上级有关领导汇报出差任务完成情况，并将报告送上级领导审阅。

4. 出差费用管理

出差人出差回来1周内，应主动到财务部门办理出差费用报销手续。超过规定期限不报者，若无正当理由，如生病等特殊情况，财务部门有权依照有关规定予以处理。具体费用报销单经由部门主管、财务部门以及总经理审核签字后，便可由财务部门向出差人报销费用。

出差费用报销的范围如下。

（1）铁路、公路、航空等交通费。

（2）出差期间的住宿费用。

（3）出差期间的通信费用。

出差费用报销的原则如下。

（1）节假日出差的应予以一定的出差补贴。

（2）伴随出差发生的伤病治疗费用可以报销。

（3）交通费用依照职级和票据实报实销。

（4）伴随出差发生的其他正当费用。

（5）出差补贴是用于出差人饮食和其他费用的支出，按照规定的数额予以报销。

（6）出差期间住宿费用按照实际出差的天数予以报销。

（7）出差期间通信费用按照相应的报销凭证予以报销。

（8）超出报销范围的出差费用，如没有特定理由，不予报销。

（9）无故或未经批准延长出差时间的，对延长时间内的相关费用，不予报销。

总之，国内出差的具体特点，决定了企业在制订和执行出差制度时，必须通盘考虑、认真贯彻执行。

关键点提示

国内出差制度通常包括以下几个方面：

1.出差申请程序；2.出差审批程序；3.出差消差程序；4.出差费用管理。

4.5 如何制订规范、有效的国外出差制度

工作场景描述

当需要制订规范、有效的国外出差制度时，可查看。

解读与分析

当业务范围拓展到境外时，国外出差就是自然而然的事了。这时，企业需要制订一套完善的国外出差制度。

1. 制订国外出差制度的基本原则

制订国外出差制度的基本原则与制订国内出差制度的基本原则大体上是一致的。两种出差活动的根本区别在于出差地域范围不同。制订国外出差制度时，除了遵循制订国内出差制度的基本原则外，还应注意以下几个方面。

（1）不同国家或地区的地理位置以及人文环境不同，国外出差活动应当充分考虑出差地的各种特殊情况，包括气候、风俗、交通状况等。这就需要出差人在开展正式出差活动之前做好充分的准备。

（2）与国内出差相比，国外出差有一个特殊环节，就是获得相关国家或地区的签证。

出差人在出差以前，应由其所在企业的外事主管部门负责向有关部门申请护照、签证等，需将所有手续在出差人出差之前替其办理完毕。

（3）由于国外出差的路程普遍较远，时间相对较长，因此，出差人以何种方式与企业主要负责人时刻保持联系、及时向主管部门汇报任务完成情况，就显得格外重要。制订国外出差制度时，相关人员应充分考虑这一点，完善这方面的制度，并要求出差人严格遵守。

2. 国外出差人员的资格认定

涉外无小事。一般来说，有国外出差资格的人员如下。

（1）董事长、董事一级。

（2）总经理、副总经理一级。

（3）涉及外事活动的相关部门的主管。

（4）如外事活动涉及技术或谈判等方面，出差人员还可以包括相关技术人员以及谈判人员。

（5）如到国外工作，有出差资格的人员还可包括各部门中青年技术骨干及其他优秀人才。

总之，和国内出差制度相比，国外出差制度更加复杂，虽然二者的本质要求是一致的，但企业在对后者进行设计时，要富有国际眼光，必要时可借助国际通用的规范。

关键点提示

制订国外出差制度时需注意：

1.制订国外出差制度的基本原则；2.国外出差人员的资格认定。

4.6　如何做好接待前的准备工作

工作场景描述

当需要有效做好接待前的准备工作时，可查看。

解读与分析

现今，企业与外界的业务来往是很频繁的。因此，现代行政管理需要面对大量的接待工作。做好接待工作，是企业行政人员的一项基本职能。

接待不同身份的来访客人需要采取不同的接待方式，但有一点是一致的，即行政人员应文明、礼貌、热情、恰当地接待每一位来访的客人。只有这样，才会赢得客人的尊敬和信任。相反，行政人员如果不注意做好日常接待工作，不注意言谈举止，或者欠缺礼貌，就完全有可能得罪客人，失去客人的信任，甚至失去一个合作伙伴。由此可见，现代行政管理中的接待工作远没有一般人想象的那样简单，是有许多学问的。

一般来说，现代行政管理中的接待前的准备工作要遵循以下几个原则。

1. 知己知彼

现代行政管理中的接待工作涉及许多方面，需要面对不同的客人。每个客人的背景及喜好都是不同的。所以，在接待活动正式开始之前，行政人员应该尽量熟悉各位客人的背景，包括客人所在企业的具体情况、客人的性格喜好等，并将其与本企业的具体情况相结合，即运用人性化原则，和客人建立良好的关系，树立良好的第一印象，以开展业务上的进一步合作。

2. 细致周到

行政人员要想在正式的接待活动中做到面面俱到，首先要在准备过程中尽量做到细致、全面。行政人员要充分考虑接待过程中可能涉及的各个方面，即使是很细微的问题，也应该考虑进去，以做到有备无患。这里给出一个十六字的标准：真诚热情、细致周到、有条不紊、善始善终。每次的接待工作都应该努力做到这十六个字。

3. 时间充分

每次的接待活动都应该留有充足的准备时间，如果情况允许，行政人员应当从正式接待前两周至一个月就开始筹备。越是大规模的接待活动，准备期越应当延长。行政人员要想做到细致入微，留出充足的准备时间是很有必要的。

4. 随机应变

接待活动的准备工作是一种前期工作，准备过程中出现情况变动是很正常的。这时候，行政人员随机应变的能力就显得十分重要。随着情况的改变，适当地做出相应的调整，是保证准备工作顺利进行的又一重要原则。

5. 有条不紊

要想有条不紊地做好接待准备工作，行政人员应按以下步骤进行。

（1）邀请。这是接待前的第一项准备工作。邀请的方式很多，包括口头邀请、书面邀请以及登门邀请等。书面邀请是最常用，也是最正式的一种邀请方式；书面邀请具有特定的方式，通常以“请柬”或“信函”的方式进行。

（2）拟订方案。正所谓“凡事预则立，不预则废”，确定接待信息后，相关行政人员应该认真拟订切实可行的接待方案。方案内容通常包括以下几个方面。

a. 接待活动的规模（视客人而定）。它分为对等接待、高规格接待和普通接待三种。

b. 接待日程安排。日程安排不应出现两项接待活动同时进行的情况。

c. 接待的具体形式和活动内容。

d. 接待活动的预算。预算应尽量做到具体、细致，各个方面都应妥善安排。

（3）全面准备。在接待活动开始的前一周，相关行政人员进入全面准备阶段，涉及很多细节：卫生工作、安全工作、必要物品的采购准备、人员安排等。

总之，做好准备工作是成功完成接待任务的关键。开展接待准备工作时，相关行政人员一定要遵循以上五个原则。

关键点提示

接待准备的原则包括：

1.知已知彼；2.细致周到；3.时间充分；4.随机应变；5.有条不紊。

4.7　如何做好接待活动的后续工作

工作场景描述

当需要使接待活动产生的效用更长久时，可查看。

解读与分析

如果以为将客人顺利送走接待任务就算完成了的话，那就错了。如何使接待活动产生的效用更加长久，是行政人员必须面对的问题。行政人员做不好后续工作，接待活动最多成功了一半。

巩固接待活动成果的方式主要有以下几种。

1. 主动联系

在客人回程之后，作为接待的一方，行政人员应当主动与客人取得联系，对其不辞辛苦的来访表示感谢，并真诚邀请客人再次莅临指导。

对于级别较高的客人，或者对于企业而言比较重要的客人，可以由企业领导亲自联系；对于一般的客人，则由相应的部门主管联系即可。

2. 适时回访

回访包含很多实质性的内容，比如：

（1）双方人员技术上的进一步交流合作，由于是回访活动，故以向回访企业学习经验、技术为主；

（2）派遣技术人员到回访企业进修、实习等，开展学习活动；

（3）与回访企业就双方合作的相关事宜进行会晤和讨论，这类回访活动通常需要有高级领导随团前往。

3. 继续保持联系

对于有长期合作可能的企业，主要领导或者相关部门的负责人应当经常性地与其进行电话或者书面形式的联系，以加强沟通，增进了解。与此同时，双方可以有计划地保持人员之间的交流学习。

总之，巩固接待活动的成果需要企业事先拟订回访计划，以求建立的良好关系长盛不衰。

关键点提示

巩固接待活动成果的方式主要有：

1.主动联系；2.适时回访；3.继续保持联系。

4.8　如何提供集体福利

工作场景描述

当需要向员工提供必要的集体福利，满足其精神与物质需求时，可查看。

解读与分析

员工福利管理通过组织、监督、调节员工福利工作的各个环节，来实现既定的员工福利目标。

集体福利主要通过为员工提供必要的集体消费设施以及为员工提供服务，来满足他们的物质与精神需要。

一般来说，集体福利管理包括以下两部分内容。

1. 集体生活福利管理

集体生活福利管理的原则，首先是经济适用。福利资金是有限的，福利设施的设置势必受到企业所能提供资金的限制，因此，福利管理应遵循效用最大化原则。其次，它应遵循公平广泛性原则。原则上，福利应以企业全体员工为对象，体现公平精神，享受福利待遇的机会在每个员工面前是均等的。最后，它应遵循长远计划、分步实施、通盘考虑的原则。

福利状况受很多因素的制约，所以，企业的福利管理要从长计议、着眼当前、统筹协调、量力而行。

企业做好集体生活福利管理的方法有许多。例如，办好员工食堂。员工食堂是集体福利的一项重要内容，要保证员工吃饱、吃好。此外，企业可兴建员工宿舍，并加以科学管理。只有解决好员工的安居问题，员工才会乐业，安心工作。

2. 集体文化福利管理

企业要组织开展丰富多彩的员工文娱活动。此外，企业可开办员工进修班，建立员工图书馆，提高员工文化素质，丰富员工业余生活。

至于其他措施，只要符合企业实际，能够调动员工的积极性，企业都可以推行。

总之，员工的福利应建立在对员工价值的尊重和认可上，企业只有明确了这一点，才能将相关制度落到实处。

关键点提示

企业提供集体福利时要了解：

1.集体生活福利管理；2.集体文化福利管理。

4.9 如何向个人提供福利

工作场景描述

当需要向个人提供福利时，可查看。

解读与分析

个人福利的提供直接关系到员工的个人利益，它是管理者有组织、有计划地给予员工的一种补偿，也是激发员工积极性的一种有效手段。世界知名企业都有一套完备的个人福利管理制度。这种成功的经验可以为许多企业所借鉴。

在个人福利的提供方面，企业应该着重关注以下内容。

1. 员工抚恤

员工因公死伤是一个很棘手的问题，处理不好不利于企业的发展，而且可能使企业与员工成为对立面。因此，为防患于未然，企业要依照我国法律和企业实际制订一套操作性强的制度。这时需要注意以下几点。

（1）对抚恤进行分类，针对不同情况，企业给予不同的抚恤。其一般分为：因公致伤，一时不能工作；因公致死；因特殊原因致伤或致死；在职死亡和停薪留职期间死亡。

（2）对死者亲属领受丧葬费和抚恤金的具体规定。

（3）对合同工和临时工因公致伤、致死的情况做出具体规定。

（4）对发放抚恤金的部门和人员的具体规定。

2. 员工医疗费用报销

有条件的企业可对员工的医疗费用予以报销。

（1）对一般疾病的就诊进行规定。患有一般疾病的病人在企业医务室就诊，简单快捷，省去了报销的麻烦。

（2）对需要到医院就诊的员工，要有医务室的转院证明，对不经过此程序产生的医疗费用不予报销。企业应对报销医疗费用所需要的单据做具体的规定，一般要有转诊单、合同医院医疗手册、底方等。

（3）对不同职工实行不同的报销标准。

此外，企业可以通过发放住房补贴、发放购置高档生活用品贷款等手段提高员工的生活水平。

总之，为员工个人提供福利时应本着有用和必要的原则，避免采用不切实际的福利措施，特别是在社会保障功能越来越健全的情况下，企业必须明确个人福利的范围和种类。

关键点提示

企业应着重关注的个人福利包括：

1.员工抚恤；2.员工医疗费用报销。

第5章

物品、设备和房舍管理常见问题

物品、设备和房产管理也是行政管理的主要内容。简洁、清晰、高效的办公物品管理，会使整个企业的各项工作井井有条，为办公效率的提高提供有力的保障。相反，物品管理缺乏条理、无章可循，则会使员工处于杂乱无章、无序甚至混乱的环境中，妨碍办公效率的提高。

5.1　如何采购办公物品

工作场景描述

当需要购买办公物品时，可查看。

解读与分析

好用的办公物品对办公效率的提高可起到重要作用。因此，科学地购买办公物品对于企业来说非常重要。

一般来说，企业购买办公物品时要遵循以下几条原则。

1. 确定数量

企业购买办公物品之前，首先要根据办公物品的库存量和消耗水平，确定合理的购买数量，如“2B铅笔200支”“A4纸100箱”“传真机3台”等。相关人员可以事先统计出数量，列出清单，以避免购买数量过多或不足等情况发生，造成资源浪费或需再次购买等，增加行政成本。

2. 集中购买

确定购买数量后，相关人员要向办公室主任或主管领导提出申请，由主管领导安排集中购买。物品的采购工作由专人负责，责任落实到个人，避免因人人都有权购买而造成浪费和用公款买私物的情况出现。

3. 节约开支

相关人员购买办公物品时要注意经济、节约，按照成本最小的原则，选择最合适的购买方式。

4. 统一标准

办公物品除了要集中购买、节约开支外，还要实现标准化。采购的办公物品的尺寸、规格、型号等要标准、一致，以便使用和管理，如铅笔统一为2B型号，电话机统一为××牌××型，这样不仅使用、管理方便，也美观大方。

5. 仔细接收

订购的办公物品送到后，相关人员要按照订货单验收，核对品种、数量、质量等是否与要求相符，确认无误后，在送货单上签字并加盖印章，写明收货日期、数量等，最后还要在账本上做好登记。

总之，购买办公物品是企业管理中经常要做的事情，管理者要通过实际工作积累丰富的经验。也就是说，管理者要明了对办公物品的各种要求及其相关用途，以保证物品的数量和质量。

关键点提示

企业购买办公物品时要做到：

1.确定数量；2.集中购买；3.节约开支；4.统一标准；5.仔细接收。

5.2 如何保管办公物品

工作场景描述

当需要保管办公物品时，可查看。

解读与分析

一个管理有序、工作效率高的企业，不仅要科学采购办公物品，对其进行合理分类，还要精心保管办公物品。好的保管建立在合理分类的基础上，细致有序，这样会极大地方便办公物品的使用，从而达到提高办公效率的目的。

保管办公物品时，一般要求做到以下几点。

1. 建立台账

办公物品在购回、验收之后，相关人员要建立台账，入库存放。一般来说，台账记录包括以下内容。

（1）物品名称。

（2）型号规格。

（3）购入价格。

（4）购入时间。

（5）分类编号。

（6）登记编号。

2. 定点放置

入库的办公物品在按其性能、用途和保管要求进行科学分类之后，要定点放置，这样有利于取用，不会导致取用库存物品时乱翻乱找、没有头绪等情况出现。

3. 定期盘点

对办公物品库存，一年应盘点两次（6月与12月），盘点工作由办公室主任负责。盘点时要求做到账、物一致，如果不一致，相关人员必须查找原因，然后调整台账，做盘盈或盘亏处理，使两者相一致。

4. 表格化管理

对于办公室常用的办公物品，相关人员应当建立表格。表格应有物品名称、规格、单位、单价、代号等项。这样做的好处是清晰可见、一目了然，非常方便日常物品的管理。表5-1所示为常用的“物品表”。

表 5-1　物品表

物品名称	规格	单位	单价 / 元	代号
铅笔				
胶水				
曲别针				
胶带				
复写纸				
印泥				
修正液				
公文袋				
⋮				

5. 定期清理

对于库存的办公物品，相关人员要定期清理，避免造成物品损毁。必要时，相关人员可以采用驱虫等技术措施。对于较贵重的库存物品，如传真机等办公设备，相关人员除了采用以上常规保管措施之外，还要加强防盗等安全保障工作。

6. 严格借出

办公物品可以以出借的方式使用，借用者应出具借用证明。借用证明记录以下内容：借用者住址和姓名、借用物名称和编号、借出日期、借出期限与出借条件等。另外，企业要禁止员工把办公物品拿回家私用。

简言之，办公物品的保管是一份需要细心和相关制度做保证的工作。在开展这方面的工作时，行政人员应该学会基本的保管技能，避免出现不必要的损失。

关键点提示

保管办公物品时要注意：

1.建立台账；2.定点放置；3.定期盘点；4.表格化管理；5.定期清理；6.严格借出。

5.3 如何保养办公物品

工作场景描述

当需要保养办公物品时，可查看。

解读与分析

为了使办公物品经常处于良好的工作状态，对办公物品进行合理的保养和维护是非常必要的。正确的保养方法可以提高办公物品的使用年限，节约经费。

大体上说，对办公物品的保养要做到以下几点。

1. 杜绝火患

办公物品多为易燃品，如纸张、木制沙发、办公桌等，因此，企业首先要做的就是杜绝火患，严禁在办公物品放置区内使用明火，尤其要禁止吸烟。

2. 防止潮湿

办公物品的防潮主要是指防止物品受潮、霉烂、变质和生虫，防潮工作是保养物品的重要工作。这在南方潮湿地区尤为突出。防潮的方法主要有如下几种。

（1）用生石灰（氧化钙）吸潮。

（2）用氯化钙吸潮。

（3）用木炭吸潮。

（4）自然通风。

（5）随时清理水汽。

3. 重视电器保养

办公室里有许多电器，如复印机、电脑、日光灯等，企业对电器的安全保养要十分重视。电器要求使用方法正确，安装在干燥、稳定的地方，员工不能擅自拆卸维修电器，要由专门的技术人员检查、维修。

4. 经常检查

办公物品有着使用频率高、修理范围小、修理时间间隔短、修理费用少等特点，相关人员要对办公物品进行经常性检查。经常性检查包括检查电灯照明是否正常、复印机工作时是否有杂音、电话声音是否正常等。

5. 及时报修

发现办公物品损坏或无法正常使用时，相关人员要及时报修，以免影响工作。报修办公物品时，要填写物品请修单（表5–2）。

表 5-2　物品请修单

序号	编号	品名	规格	数量	损坏原因	需要使用日期	备注

6. 建立维修处理制度

所有办公物品的维修都要按制度处理。维修工作要由专人负责、专人管理，相关部门（如财务部门）要协助开展维修工作，给予费用支持，保证办公室工作不因办公物品的维修而受影响。

7. 特殊物品特殊保养

对于一些特殊的办公物品，相关人员要针对其特点进行特殊保养，如木制家具一般不要轻易搬动，要保护好家具上的油漆；玻璃器皿要轻拿轻放，摆放要稳妥，不可重压。

办公物品保养是企业需要解决的经常性问题，企业必须从保障组织工作正常运行的高度来看待这个问题。

关键点提示

企业保养办公物品时要做到：

1.杜绝火患；2.防止潮湿；3.重视电器保养；4.经常检查；5.及时报修；6.建立维修处理制度；7.特殊物品特殊保养。

5.4　如何更新办公物品

工作场景描述

当需要更新办公物品时，可查看。

解读与分析

办公物品的使用寿命是有限的，对于已经损坏且无法修理使用的物品，企业要及时更新替换。更新办公物品时要注意以下几点。

1. 随时更新

这是针对纸张等低值易耗品而言的。这类办公物品消耗量大，它们的更新不应该和大件物品一样严格，应采取随时需要随时更新原则。对于在使用过程中感觉质量不好的物品，应该用新的规格、品牌代替。

2. 报请更新

这是针对复印机、电脑等较贵重的办公物品来说的。一般来说，这类办公物品的使用年限比较长，不会轻易损坏报废。对于这些办公物品的更新，企业应较为慎重，建立报请更新制度，填写报废单（表5–3），说明损坏报废的原因和物品的金额、已使用的时间、处理建议等详情，由有关部门检查审批，决定是否准许更新。

3. 检查报废原因

办公物品的损坏都有一定的原因，准备更换时，相关人员要检查损坏的原因，摸清情况，以避免下次使用时再出现类似的情况，增加使用技巧，延长物品的使用时间。

表 5-3 报废单

年 月 日

<table>
<tr><td>使用部门</td><td colspan="7"></td></tr>
<tr><td rowspan="2">产品名称</td><td>英</td><td colspan="2" rowspan="3"></td><td>规格</td><td></td><td>设计年限</td><td></td></tr>
<tr><td>汉</td><td>厂牌</td><td></td><td>已使用年数</td><td></td></tr>
<tr><td colspan="2">购置日期</td><td>数量</td><td></td><td>价值</td><td></td></tr>
<tr><td rowspan="3">废弃原因</td><td colspan="3" rowspan="3"></td><td colspan="2">估计废品价值</td><td colspan="2"></td></tr>
<tr><td colspan="2">处理使用去向</td><td colspan="2"></td></tr>
<tr><td colspan="2">实际损失额</td><td colspan="2"></td></tr>
<tr><td rowspan="2">拟处理办法</td><td colspan="3" rowspan="2"></td><td colspan="2">使用人</td><td colspan="2"></td></tr>
<tr><td colspan="2">填报人</td><td colspan="2"></td></tr>
<tr><td colspan="2" rowspan="2">使用部门</td><td>主管</td><td></td><td colspan="2" rowspan="2">管理部门</td><td>主管</td><td></td></tr>
<tr><td>主办</td><td></td><td>主办</td><td></td></tr>
<tr><td colspan="2">总经理</td><td colspan="3"></td><td colspan="2">财务部门</td><td></td></tr>
</table>

4. 合理处置

办公物品在废弃后不可随意处置。废弃纸张等可回收物品，应交至废品处理站回收处理，以避免污染环境；办公设备应如数交到财产管理部门，由财产管理部门予以核对验收，对残品进行综合利用或者变价处理，以为企业节约资金。

总的来讲，更新办公物品也是企业经常面对的问题。为保证办公物品有效和节约使用，相关人员应该认真对待办公物品的更新工作，这样才能在减少浪费的同时，确保物品更新能跟上企业发展的步伐，不致影响企业的业务发展。

关键点提示

企业更新办公物品时要做到：

1.随时更新；2.报请更新；3.检查报废原因；4.合理处置。

5.5 如何进行设备的日常管理

工作场景描述

当需要了解设备日常管理的内容时，可查看。

解读与分析

设备的日常管理内容繁多，而且比较烦琐，通常包括设备的分类、编号、登记、建档、封存、迁移、调出、改装、报废和事故处理等内容。

1. 设备的分类、编号和登记

设备管理部门，在设备移交使用后，应首先对设备进行分类、编号、登记，建立设备卡片。

一般来说，企业应对其设备进行统一的编号管理，坚持每年至少复查一次。对于设备的登记，相关人员应在登记卡片上注明设备的名称、编号、型号、规格、使用日期、使用部门、原始价值、使用年限、折旧率及移交情况等内容。登记内容务必真实、全面，以为今后设备的管理、维修建立档案。

2. 设备的建档

设备的档案管理工作是设备日常管理工作的重要方面。设备档案管理的关键是建立完备的设备技术档案。完备的设备技术档案应包括以下内容。

（1）设备出厂时的检验单。

（2）设备全部的附件清单。

（3）设备安装时及安装完毕后的检测记录。

（4）设备移交时的交接单。

（5）设备定期检验记录。

（6）设备改装、调出、迁移记录。

（7）设备的事故记录。

3. 设备的封存、迁移与调出

当企业生产任务不足的时候，往往会出现设备闲置的情况。如果设备需要闲置比较长的一段时间（达到3个月以上），就应该封存保管。设备的封存及启封应由使用部门提出计划，交由管理部门审核，经批准后实行。在封存过程中，相关人员必须按照设备的说明书操作，采取防尘、防潮、防锈等措施，并定期进行维护和检查。

当企业的生产工艺发生变化时，相关人员往往需要进行设备的调整与迁移。在这种情况下，应由生产部门提出迁移方案，经设备管理部门审核批准后执行，并且办理相关的手续。

如果设备无法适应生产要求而需长期闲置，相关人员应果断将其调出。设备的调出一般有出租和有偿转让两种形式。设备调出时，应该随带其原有附件、辅助机器及相关的全部文件。

4. 设备的改装

为了更好地适应生产需要，有时企业需要对设备进行改装。相关人员应先提出合理的改装方案，上报设备管理部门审批，待批准后执行。改装方案涉及的图纸、审批文件、鉴定资料、费用记录等应建立档案予以保存。

5. 设备的报废

设备的报废是有条件的，必须经过专业鉴定，确定设备已经达到报废标准，才允许报废。一般判定设备报废的条件有以下三个。

（1）超过设备规定的使用年限。

（2）损坏且无法修复。

（3）从经济角度来看，不值得改装或修复。

办理设备报废时，相关人员应严格执行国家的相关规定，由财务部门监督，按规定的程序予以办理，以避免出现设备的浪费。

6. 设备的事故处理

设备的管理者或管理部门应该采取积极的预防措施，尽可能地避免各种事故发生。一旦发生事故，一定要在第一时间组织抢修。相关人员要认真分析事故发生的原因，从中吸取经验教训，防止以后发生类似的事故。

如果事故是人为造成的，设备管理者或管理部门应追究相关人员的责任，视情节轻重给予处分。如果情节严重，设备管理者或管理部门还应及时向有关部门汇报。

综上所述，设备的日常管理是一项技术性很强的工作。相关人员除了要具备某些技能外，更多的是需要经验和敬业精神。

关键点提示

设备日常管理工作的内容有：

1.设备的分类、编号和登记；2.设备的建档；3.设备的封存、迁移与调出；4.设备的改装；5.设备的报废；6.设备的事故处理。

5.6　如何进行车辆配置

工作场景描述

当需要购置车辆时，可查看。

解读与分析

车辆代表着一家企业的形象。如何选择适合企业的车辆，购置车辆时应该注意哪些问题以及如何进行车辆登记，对提高企业形象非常重要。

一般来说，企业购车时应该考虑以下几个问题。

1. 购买车辆的必要性

现有车辆是企业的一笔既有财富。买车前，相关人员要对相关情况做具体分析：现有车辆的利用率是多少？是否已经物尽其用？现有车辆的利用率有没有进一步提高的可能？如果不买新车，对于企业来说，现有车辆能否满足需要？购买新车后，新车能够让工作效率提高多少个百分点？ 工作效率的提高带来的经济效益的增加能否折抵买车和保养所付出的成本？

目前，我国大部分企业的自备车利用率很低，车辆利用率与专业运输单位的车辆利用率之比是1：10，因此，现有车辆的利用率大有潜力可挖。买车应该是一种理性行为，企业购买前要做理性分析。

2. 对车辆购买做合理的估计

买车的资金来自哪里？企业的承受能力怎样？买车后能否顺利上牌照？燃料供应是否有问题？配件能否轻易买到？这些问题企业在买车前都要考虑好。不同的企业有不同的用车要求，选择车辆时应该根据本企业的实际情况进行综合考虑，如企业所在地的气候、道路条件、维修条件等。

3. 车辆的购置

购置新车时，相关人员要按照合同规定和有关文件进行验收，如果缺少某些零部件或与合同不符，应该拒绝验收。

购进新车后，相关人员要对新车进行一次彻底的调试，如检查、紧固、清洗、调整和润滑等，保证车辆处于性能良好的状态。在规定的保质期内，车辆若出现应由制造厂承担责任的损坏，车队或修理厂做出初步分析后，相关人员请有关单位做出技术鉴定，及时向制造厂索赔。一定要注意有效期问题，新车购买后相关人员一定要对车辆进行彻底检查，有问题及时解决，不要拖而不决，那样只会使企业遭受损失。同时，相关人员需要将赔偿或处理情况记入车辆技术档案。

总之，车辆管理是现代企业的一项基础性工作。相关人员只有做好购买前的准备工作，防患于未然，才便于以后的使用和管理。

关键点提示

企业购车时要注意以下问题：

1.购买车辆的必要性；2.对车辆购买做合理的估计；3.车辆的购置。

5.7　如何进行车辆使用管理

工作场景描述

当需要对车辆进行使用管理时，可查看。

解读与分析

企业出于业务上的需要购进了车辆后，如果没有制订严格的使用管理制度，车辆的使用效益就难以发挥出来。也就是说，企业要使车辆始终处于最佳运行状态，产生最大效益。科学的车辆使用管理方法如下。

1. 车辆的启用

新购买的车辆正式投入使用前，需要办理各种手续，如办理牌照、领取通行证、缴纳保险费等。只有办理完这些手续后，车辆才能够进入使用状态。

车辆在上路前需要根据说明书做一次彻底的检修。上路后，相关人员应严格执行磨合期的各项规定，做到限定时速，减少载重。在磨合期合理使用车辆，有利于延长车辆的使用寿命。

2. 车辆管理制度的确立

确立车辆管理制度有利于车辆的合理调配。管理制度要按企业的具体情况来制订。这里仅列出一些共性的东西供企业参考。

（1）企业公务车的证照保管以及车辆年审、保养等事务的管理问题。这些事务需要一个指定机构去管理，可以是总经理办公室、行政部或其他机构，但不能没有责任人。

（2）派车原则。企业一般遵循按申请原因的重要性依次派车的原则，不申请不派车。

（3）对司机的要求。根据具体需要做具体的规定，但拥有驾驶证是必要条件。

（4）车辆外借制度。车辆作为企业的财产，一般是不外借的，但是有些情况下确实需要外借。遇到这种情况，相关人员可以通过特定人许可的方式来操作。

除此之外，还有一些很好的制度可以借鉴，只要适合本企业即可。

3. 车辆的调度方法

车辆的调度，是指车队负责人或专职调度人员根据本单位车辆使用管理规定和当天的用车计划，包括乘车人数、次数、行车路线和用车急缓程度，有计划地安排用车。调度车辆时一般要遵循坚持原则、合理科学、灵活机动的原则。

所谓坚持原则，是指按照制度办事，不能因某些不合理的原因而破坏规章制度。最常见的违规行为就是派关系车、人情车。

合理科学是指根据在长期的实践中摸索出来的用车特点，对车辆的使用进行科学的协调。

灵活机动是指对于制度没有明确规定需要用车的紧急情况，要从实际出发，恰当处理。

调度工作的主要程序是：员工用车前预约，相关人员做好派车计划，对派车计划予以合理实施。只有这样，才能提高效率，减少矛盾和误会。

总之，车辆的使用是一门学问，如何以最少的投入获得最大的效益，需要企业在实践中不断探索和总结。

关键点提示

车辆的使用管理涉及：

1.车辆的启用；2.车辆管理制度的确立；3.车辆的调度方法。

5.8 如何制订食堂管理计划

工作场景描述

当需要制订食堂管理计划时，可查看。

解读与分析

进行食堂管理时，管理人员要明确该管什么，不该管什么，用什么样的方法才能管好。从宏观上看，管理方法有很多种，如经济方法、行政方法、责任制方法等；从微观上看，也有很多种方法。但是，无论用什么方法，食堂管理都不应该是无序的，而是应该在一定的制度体系下运作的。

1. 制订计划依据的指标

没有一定的指标，食堂的管理制度就是一纸空文。只有完成合理的指标，食堂服务才能够满足职工的要求。制定各项计划时依据的指标通常分为两类。

（1）实物指标和货币指标。实物指标是指用碗、勺、盘、份等单位来计量食品的指标；货币指标是以价值形式来计量的指标，通常用元、角、分来计量。在食堂管理中，实物指标必不可少。

（2）数量指标和质量指标。数量指标是指对食堂在计划期内的食品原料购进、加工、出售、总营业额等的数量要求，通常用绝对数来表示；质量指标是指在计划期内食品加工、出售活动所需达到的质量要求，通常用比较法来表示。

2. 制订计划的基本方法

（1）综合平衡法。制订计划时，一般以综合平衡法为主要方法。所谓综合平衡法，就是根据食堂内部各岗位、工种的比例要求，综合平衡食堂内部各种计划指标之间的关系。食堂计划综合平衡主要包括盈亏指标与销售额之间的平衡，销售额与原材料购进、储存之间的平衡等。

（2）动态法。动态法是根据某一指标的历史发展趋势来确定计划指标的方法。如在主食与副食的搭配上，相关人员可以根据食堂的就餐人数进行调整。

（3）比例法。采用比例法时，相关人员以某一指标长期形成的比较稳定的比例为基础，把计划期的变动因素考虑进去，推算出有关的计划指标，及时修改原来的计划。

（4）定额法。定额法是根据岗位人员群体技术的熟练程度，通过核算确定计划指标的方法。

综上所述，对食堂进行管理时，重在计划和执行的协调与一致，企业在制订计划的过程中要把合理性和可行性结合起来考量。

关键点提示

企业制订食堂管理计划时要注意：

1.制订计划依据的指标；2.制订计划的基本方法。

5.9 如何管理员工宿舍

工作场景描述

当需要对员工宿舍进行管理时，可查看。

解读与分析

宿舍是企业提供给员工的一种生活设施。企业对其进行有效管理，有利于最大限度地改善员工的日常生活条件，使其生活便利、舒适，从而激发员工的工作积极性，推动企业的发展。

企业对员工宿舍的管理主要是制度上的管理，制订制度时主要从以下几方面进行考虑。

1. 设立管理员

管理宿舍是一项重要的工作，宿舍管理员需要具备以下素质。

（1）宿舍管理员应该认真负责。如果宿舍管理员不认真负责，宿舍就失去了安全方面的保障。

（2）宿舍管理员应该具有很强的识人能力，了解每一名住宿人员，不让犯罪分子有可乘之机。

（3）宿舍管理员要有很好的个人素养，不能脾气暴躁，不然会引起住宿人员的反感，激化矛盾，不利于宿舍的管理。

2. 规定住宿条件

企业可对住宿条件进行具体规定，以下仅供参考。

（1）在单位附近无适当的住所或交通不便的员工，可以申请住员工宿舍，相关人员要对申请住宿的条件进行严格把关。

（2）凡有以下情形之一者，不得住宿舍。

①患有传染病。

②有吸毒、赌博等不良嗜好。

③其他国家规定和企业认定不能住宿的情况。

（3）不得带家属住宿。宿舍是企业为员工提供的一项福利，只有本企业的员工才能够享有这项福利。员工家属不是企业的成员，企业没有义务为其提供住宿条件。

（4）保证遵守制订的宿舍制度。宿舍不是一个人的，而是员工集中生活的场所。没有制度或没有人执行制订的制度，宿舍的安全就不能得到有效的保障。所以，为了大多数人的利益，住宿人员必须遵守制度。

3. 加强宿舍的安全管理

（1）预防火灾。

①禁止在宿舍区内燃放烟花爆竹。

②宿舍内不许私自安装电器和拉接电线，不准使用电磁炉等大功率电器。

③宿舍内不得使用或私自存放危险品及违禁物品。

④加强防火知识的宣传，宿舍楼内的防火设施要齐全。

（2）预防失窃。

①宿舍管理员对进入宿舍楼的人员要进行严格的检查，非本楼人员不准入内，来访人员要登记。

②宿舍管理员每天在闭楼门之前对全楼做一次检查，以消除犯罪分子隐匿的可能性。

③推销人员不准进入宿舍。

4. 加强宿舍的卫生管理

（1）宿舍管理员要做好宿舍区的日常卫生清洁工作。

（2）宿舍管理员要对住宿区进行定期消毒。

（3）宿舍管理员要定期组织开展大扫除，保持居室内部清洁。入住者要养成良好的个人生活习惯，注意个人卫生。

（4）企业要定期进行卫生检查。

（5）宿舍管理员要定期开展卫生评比活动，评选清洁房间和卫生先进个人，给予多种形式的奖励。

总之，对于宿舍管理，企业应本着对员工负责的态度，时时加以关注，及时解决出现的问题。

关键点提示

在员工宿舍管理方面，企业要做到：

1.精心挑选适合该项工作的管理员；2.对宿舍的入住人员设定一定的要求；3.加强宿舍的安全管理；4.加强宿舍的卫生管理。

5.10 如何进行房产的分配使用管理

工作场景描述

当需要进行房产的分配使用管理时，可查看。

解读与分析

企业房产的分配使用管理十分重要。如果分配得不合理，就会引发各种矛盾，挫伤员工的工作热情。

一般来说，房产的分配使用主要包括办公用房的分配使用和员工住宿用房的分配使用两个方面。

（1）对于办公用房的分配使用，管理者首先应充分了解房屋的面积、间数、分布状况等。同时，管理者应了解房屋使用部门的人员数量以及部门、科室的设置情况，全面衡量相关部门的业务量，并且估计到可能发生的变化。在了解了上述情况后，管理者再根据各个部门的实际需要，合理地安排各部门的办公地点。

（2）对于员工住宿用房的分配使用，管理者一定要注意在制订分配方案前，应该广泛听取各方意见，特别是员工的意见，成立由各方代表组成的分房小组。管理者制订的分配标准要公正合理，并且具有连续性，同时尽可能地使绝大多数员工对分配方案感到满意。

一般来说，在进行房产分配使用管理的过程中，管理者应遵循以下几个原则。

1. 合理分配原则

分配办公用房时，管理者应充分考虑各部门的职能及其工作特点，尽量为其提供方便。要合理地安排楼层和位置，既方便各个部门间的顺畅交流，又便于外来人员联系业务。

2. 突出重点原则

分配办公用房时，管理者应注意轻重缓急。一般来说，管理者要首先安排和保证生产用房及业务用房，并尽可能地为生产及业务工作创造良好的条件。同时，管理者要尽量压缩、节省辅助用房，最大限度地提高房屋的利用率，在保证重点的情况下，兼顾一般。

3. 配套服务原则

企业用房往往要求有完善的配套服务，从而保证房屋的正常使用。配套服务包括两方面：一是硬件方面，如家具的配备、相关办公物品的配备、水电供应、安全保卫等；二是软件方面，如制订并执行各项规章制度等，以求有章可循。

4. 管用结合原则

管用结合是指在管理过程中要求房产管理部门和使用部门、使用人之间保持联系，相互配合，由房产管理部门负责水电供应、家具配备、房屋维修等工作，使用部门及使用人负责房屋内的清洁卫生以及一般的设备维修工作。作为企业房产分配使用管理的一个基本原则，管用结合原则必须贯彻始终。

总之，房产的分配使用管理，是一个需要管理者统筹兼顾、合理设计，并与实际操作密切结合的工作过程，管理者要恰当考虑一些细节，不能掉以轻心、马虎大意。

关键点提示

企业房产分配使用管理的主要原则有：

1.合理分配原则；2.突出重点原则；3.配套服务原则；4.管用结合原则。

5.11 如何进行房产的维修管理

工作场景描述

当房产出现问题需要维修时，可查看。

解读与分析

房产维修是房产管理的重要内容之一。维修工作做得好，可以延长房屋的使用寿命，保持房屋的完好性，排除潜在的危险，解除员工的后顾之忧，创造良好的办公环境。

房产维修管理的工作内容比较复杂，往往涉及大量的设备、材料、工具等，还涉及人力成本的消耗。

因此，房产维修之前，相关人员应该做出合理的费用预算，尽可能地降低成本、节约资金，但必须以保证质量为前提，坚决不允许出现偷工减料、以次充好的现象，以免埋下安全隐患。

房产维修的另一个要求是及时。一般来说，相关人员应制订合理、有效的维修制度。维修任务繁重时，相关人员应该组建专门的维修队或设立维修站点，出现问题后保证在第一时间到达现场，以免影响正常工作，造成不必要的损失。

相关人员必须做到对房屋进行定期检查，掌握房屋使用情况及当前状态，有针对性地制订维修计划，以便维修管理工作的顺利进行。

房产维修管理的具体内容如下。

1. 鉴定及计划管理

房产维修管理应建立在对房屋勘察鉴定的基础上。对待这一工作时，相关人员必须认真细致。对房屋真实状况的掌握，可以为维修工作的实施提供依据。在此基础上，相关人员要制订切实合理的维修计划，并对计划执行情况进行及时检查、调整及总结。其中，积极地做好计划工作的综合平衡，是房屋维修管理的基本工作。

2. 成本预算管理

对于房屋的维修，管理者应该提前做好成本预算工作。开工前，管理者应核算工期及成本，大致确定维修造价。在此基础上，依据工程预算，企业可组织开展维修工程招标，并制订资金、材料供应等相关计划。

成本预算的目的是控制成本。为了降低成本，管理者要进行成本计划、成本核算、成本分析、成本决策、成本控制等一系列工作。

3. 维修要素管理

维修过程中，相关人员需要对所需的技术、人员、材料、工具和资金等要素进行统筹规划，使其协调一致，这样才能确保维修工作正常开展，顺利进行。

4. 施工项目管理

它一般指房产维修的基层单位对施工全过程进行的管理，主要包括：组建基层管理队伍、施工队伍；做好相关准备，进行成本、质量、工期、合同等管理；做好施工现场的协调工作。

5. 施工监督管理

施工监督主要是指企业将维修任务承包给有关单位之后，为保证既定的质量、工期以及造价，管理者对施工过程进行的监督。施工监督管理主要对以下三大目标进行控制。

（1）工程造价。

（2）维修质量。

（3）施工期限。

总之，对于房产维修管理来说，企业最重要的工作是严把质量关。如同产品生产一样，质量是房产维修工作的生命。

关键点提示

房产维修管理的具体内容有：

1.鉴定及计划管理；2.成本预算管理；3.维修要素管理；4.施工项目管理；5.施工监督管理。

5.12 如何进行房产的日常管理

工作场景描述

当需要对房产进行日常管理时，可查看。

解读与分析

房产的日常管理内容很多，也较为复杂，相关人员需要认真、细致地对待。

一般来说，它主要包括以下几个方面。

1. 收缴房租及水电费

一般由房管员负责该项工作，收缴应及时，最好一次性收齐，尽量避免拖欠现象发生。

2. 加强对液化气的管理

液化气易燃、易爆，容易造成火灾及爆炸事故，所以，相关人员必须对其加强管理。一方面，相关人员要大力宣传普及液化气的安全使用常识；另一方面，对于液化气的运输、贮藏、保管等工作，相关人员要制订严格的规章制度。

3. 北方地区房屋冬季采暖工作

（1）进行充足的燃料储备。

（2）培训专业工人。

（3）认真检查采暖设备。

（4）保持适宜的温度。

（5）建立健全采暖规章制度。

总之，房产的日常管理需要由专门的人员负责，以尽可能延长房产的使用寿命，提高员工工作的安全系数，并根据需要及时进行房产维修。

关键点提示

房产日常管理工作的主要内容有：

1.收缴房租及水电费；2.加强对液化气的管理；3.北方地区房屋冬季采暖工作。

5.13　如何进行房产的环境管理

工作场景描述

当要了解如何做好房产环境管理时，可查看。

解读与分析

企业环境状况能直接影响工作人员的精神风貌和身体健康。好的环境有利于提高工作质量与效率。相反，环境差，往往会造成工作人员精神及情绪上的压抑，从而降低工作效率。

一般来说，房产环境管理包括室内环境（办公和生产环境）管理和室外环境（厂区环境）管理两大方面。室内环境管理应做到以下几点。

1. 合理规划空间

企业要做到充分有效地利用空间，满足各方面的需要，方便信息的流通。同时，相关人员要尽量降低办公空间成本。

2. 保证照明条件

人的视觉效果至关重要，办公、生产区域内的照明条件对人有着重要影响。若照明条件不好，容易引起视觉疲劳，降低工作效率和工作质量，容易引发工作失误。因此，保证照明条件十分重要，应注意以下几点。

（1）正确选择照明方式。

（2）正确选择光源。

（3）防止眩光。

（4）使照度均匀。

3. 正确选择颜色

办公、生产区域的颜色并不是可有可无的装饰。对环境颜色进行有效控制，有助于使人产生兴奋感，减少疲劳感，稳定员工情绪，从而提高工作效率。决定颜色对人产生何种影响的三大指标是色调、明度和彩度。管理者应把握好这三个指标，使选择的颜色对员工的生理和心理产生有利的影响。

4. 控制噪声

噪声是一种严重的环境危害，它直接影响人的情绪。长时间处于噪声环境中，会对人的身体造成危害。所以，企业要进行严格控制，把噪声大小控制在标准范围之内。

企业的室外环境管理主要是指厂区的环境保护和管理，应做到以下几点。

1. 厂区布局合理

厂区布局合理不仅有利于生产顺利进行，而且有利于环境污染的治理。一般来说，厂区布局要合理，相关人员要特别注意，员工的生活区域应与厂区隔离开。尤其是会产生污染的企业，其生活区不但要与厂区保持一定距离，还要考虑风向因素。

2. 污染处理设施健全

会产生污染的企业，应对污染物的处理予以高度重视。污染物的排放必须达到国家相关标准。因此，企业必须配备符合标准的污染处理设备。对于某些行业来说，这是一条国际通行的强制性规定。

3. 厂区绿化管理

绿化是造福子孙万代的大事。绿化管理是企业环境管理的核心内容之一。厂区绿化范围应尽量广泛，根据不同地区的气候及地理条件选择适合的植被。

厂区的绿化对于环境保护有着很重要的作用。它不但能很好地防治空气污染和噪声污染，还可以缓解视觉疲劳。一般来说，厂区绿地的设计应在实用的同时突出美观。

综上所述，企业环境管理是现代企业共同关注的问题。好的环境管理能振奋员工的精神，增强员工工作的积极性，从而产生巨大的经济效益。

关键点提示

企业室内环境管理的主要内容有：

1.合理规划空间；2.保证照明条件；3.正确选择颜色；4.控制噪声。

企业室外环境管理的主要内容有：

1.厂区布局合理；2.污染处理设施健全；2.厂区绿化管理。

第6章

员工健康安全工作常见问题

对于员工健康安全管理，企业需要建立一套完备的管理体系，这样才能实现企业持续有效运行，从根本上保障员工的健康、安全。员工健康安全管理的目标是在企业中形成一种文化、一种习惯，并最终让全员受益。

6.1　如何看待员工健康安全管理

工作场景描述

当需要了解员工健康安全管理时，可查看。

解读与分析

员工健康安全管理是企业为了使员工免受工作过程中危害的侵袭，保护员工在劳动场所的生命安全而采取的各种管理手段和方法以及实行的制度的总称。员工健康安全管理的目的是保护企业的人力资源，使企业免受人力资源和相关财产的损失。同时，它也体现了企业文化中以人为本的思想。对员工健康安全管理的深入理解，将有助于管理者更好地挖掘在这一领域开展工作的策略。在实践过程中，管理者应注意以下内容。

1. 正确理解员工健康安全管理的有关概念

（1）员工安全。企业的生产安全大致分为设备的安全和员工的安全，两者密切相关，设备的安全涉及员工的安全。所以，员工人身安全与生产设备安全中和员工有关的内容共同构成员工安全。

（2）员工健康。现代社会中，健康是一个多维度的概念。一般认为，人们只有在生理、心理等方面都保证健康才是真正的健康。员工健康同样需要从多个维度把握，保障员工健康不但要使员工免受各种疾病或者污染物的侵害，还要使他们具有良好的心理状态以及具有对社会的适应和调节能力，例如，使员工始终保持积极向上的心态，对自己工作的价值有良好的认同等。

（3）健康安全管理。它主要涉及国家或地区的安全方针和政策，企业具体的计划、执行、组织及控制过程，对健康安全管理效果的评估等。在实践中，它具体包括制订管理方针和各类规章制度，对人员、设备、环境、作业过程、事故及职业病等的管理，也涉及在整个管理过程中体现的安全文化。

员工健康、安全是企业与员工相互合作的成果。这是员工健康安全管理的一个重要特征。单纯的企业管理或者员工的自我保护都无法达到这一目标，因此在员工健康安全管理过程中，注重达成企业和员工之间的共识，注重协调企业和员工之间的关系，并促进其合作，就显得非常重要。

2. 明确员工健康安全管理的工作内容

（1）员工的选任、安排及培训。员工健康安全管理首先要从员工工作入手。员工工作主要包括：选择适当的员工从事适当的工作；对即将上岗的员工进行健康安全方面的测试和检查，以便安排适合的岗位；对在岗和即将上岗的员工进行健康安全知识和技能的培训等。

（2）设备、设施的安全保障。开展设备、设施方面工作的主要目的是为生产提供合格的设备、设施，同时在使用过程中保障设备、设施的持续安全性。因此，这方面的工作包括购买、设计或制造各种合格的设备；建设合格的生产设施，如办公室、厂房等；在设备和设施的使用过程中注意维护并进行定期检测，以保障设备、设施安全可靠。

（3）项目建设中的安全保障。在工业生产过程中，企业经常要进行大量的项目建设，这就需要在项目建设过程中保障安全。《中华人民共和国安全生产法》规定，项目建设的安全设施必须遵循“三同时”原则，另外要对项目建设进行安全评价。

（4）建立组织制度。无论何种类型的企业，组织制度方面的工作都是最重要的内容之一。员工健康安全，一方面，要求企业有合格、安全的设备，对危险有全面的防范预案；另一方面，要求员工严格遵循工作行为规范，建立组织制度是使员工遵守规范的重要工作。这方面的工作主要包括员工的筛选、教育、培训以及管理制度的制订等。

企业开展员工健康安全工作时，重要的是把握员工健康安全的含义，深入挖掘实际工作中与员工健康安全有重要关系的各种因素，切实了解员工健康安全管理的主要工作内容。

关键点提示

企业实施员工健康安全管理时应注意以下内容：

1.正确理解员工健康安全管理的有关概念；2.明确员工健康安全管理的工作内容。

6.2　如何确立健康安全管理工作的地位

工作场景描述

当需要确立员工健康安全管理的地位时，可查看。

解读与分析

全面、有效地开展员工健康安全管理工作的一个必要条件就是，得到企业高层领导的鼎力支持。要想得到企业高层领导的支持，充分地论证和说明是绝对必要的。向领导解释和论证员工健康安全管理重要性时，相关人员可从以下三个方面进行解释和论证。

1. 企业的成本和收益

员工健康安全管理的收益是企业开展此项工作的动力。论证员工健康安全管理的重要性时，从成本和收益的角度来说明是一种很好的策略。相关人员采用此种策略时，主要从以下几方面来收集资料和进行论证。

（1）企业建立一套员工健康安全管理制度的成本。企业建立一套员工健康安全管理制度的成本实际上是相对较少的，相关人员只需在原先的企业管理制度中加入有关员工健康安全管理的相关规定，设立配套的职能机构。这种职能机构的规模在工业生产企业中可能会比较大，成本稍高，但在服务业中完全可以由人力资源部门来分管。

（2）企业为实现员工健康安全管理而进行必要购买的物质投入的成本。企业为了实现员工健康安全，必要的物质投入是必需的，包括购买较好的设备、劳动保护用品，构建安全设施等。许多这方面的物质投入同时也是生产投入，例如，较好的设备不仅对员工健康安全有利，对提高生产效率也是有利的。

（3）企业为实现员工健康安全管理而进行必要的人力投入的成本。人力投入主要指员工健康安全管理部门对新员工进行培训等，也就是企业因增加工作而需要增加的人力资本的投入，这些投入是员工健康安全管理的必要成本。

（4）员工健康安全管理为企业管理工作增加的工作量。员工健康安全管理工作的开展会为企业管理增加工作量，这也可以看作一种成本。

（5）因发生事故或危害而使企业为员工付出的各种赔偿金。事故或危害发生之后，企业势必会为此付出各种赔偿金。在工业事故中，企业为员工伤亡付出的赔偿金会更多。这可以被看作企业增加了员工健康安全管理之后可以避免产生的损失。换句话说，这是员工健康安全管理的收益。

（6）因发生事故或危害失去熟练员工的损失。事故或危害可能会导致企业失去熟练员工。熟练员工对于企业来说是一笔巨大的财富，他们有较高的生产率，对企业有较强的认同感。企业失去熟练员工可能会对生产造成巨大的影响，尽管这种影响可能是短期的，但它所带来的损失却是不可忽视的。员工健康安全管理会减弱这种影响，减少这方面的损失。

（7）招聘新员工的费用。企业失去老员工之后，需要招聘新员工。招聘新员工的成本正是企业员工健康安全管理可以表明自身存在价值的重要方面。

（8）培训新员工的费用。新员工培训费用同样可以在一定程度上看作员工健康安全管理的收益。

（9）因企业没有实行良好的员工健康安全管理而导致的员工流失。企业没有实行良好的员工健康安全管理，员工可能会因考虑自己的人身安危而选择离开。员工的流失会增加很多成本。良好的员工健康安全管理，一方面可以降低员工流失的可能性，另一方面，会吸引企业外部的优秀人才进入。

（10）良好的员工健康安全管理为提高企业生产率做出的贡献。良好的员工健康安全管理会间接地提高企业的劳动生产率，例如，使员工具有较高的士气，身心健康，工作更加努力，这会在一定程度上提高企业的生产率。

（11）良好的员工健康安全管理可提升企业形象。良好的员工健康安全管理可为企业塑造良好的社会形象做出贡献。这样的企业被认为对社会负责，可以赢得较高的美誉度，同时容易与管理、监督机构形成良好的关系。

2. 国家的法律和政策

任何企业的生产经营活动都要受到国家法律和政策的约束。企业在员工健康安全管理方面的工作同样会受到相关法律、政策的限制。国家的法律、政策具有强制性，不仅规定了企业应尽的义务，还对违反相关规定的行为做出了惩罚性规定。这种惩罚包括从经济到刑事等方面不同程度的处罚，具有强大的威慑力。所以，国家的法律与政策是确立员工健康安全管理在企业中地位的重要保证。

3. 企业作为社会公民的责任

从社会效益的角度来讲，企业对维护社会公共利益负有义不容辞的责任。企业作为社会公民，应该承担相应的责任和义务。

确立员工健康安全管理工作在企业管理中的地位时，相关人员可以从企业的成本和收益、国家的政策和法律、企业作为社会公民的责任三个方面来论证。

关键点提示

向企业领导说明员工健康安全管理的重要性时可以涉及的方面：

1.企业的成本和收益；2.国家的法律和政策；3.企业作为社会公民的责任。

6.3　企业如何认定员工健康安全管理范围

工作场景描述

当需要通过分析各种影响员工健康安全管理的因素来认定本企业的安全管理范围时，可查看。

解读与分析

不同类型的企业所处的环境不同，对员工健康安全管理的要求也会有所不同。因此，明确影响员工健康安全管理的因素对实施本企业的员工健康安全管理有着非常重要的作用。企业明确了影响本企业员工健康安全管理的各种因素，可以方便确定工作重点和工作内容，确立适合本企业的员工健康安全管理体系及目标。影响员工健康安全管理的主要因素如下。

1. 企业所属产业和行业类型

企业属于不同的产业和行业，其员工面临的安全和健康威胁有很大的差异。例如，采掘业是高危险行业，制造、建筑等行业的危险系数也比较高，金融、服务、文化等行业的员工面临的危险就比较小。

因此，确定本企业属于哪一个产业，属于何种行业，可以明确工作的重点。例如，煤矿采掘企业的员工健康安全管理工作需要对员工、机器乃至整个作业系统都进行严格的管理和控制；一个出版社的员工健康安全管理主要应考虑各种可能的职业病，做好防火措施等，因为这里很少涉及大型机械，更不存在高度的危险性。

2. 劳动组织的发展程度

劳动组织是员工自觉成立的维护自身权益并争取更多权益的组织团体，如工会。这样的组织如果非常壮大，就会对企业的各种管理政策产生较大的影响力。工会可以通过法律法规赋予的权力介入企业管理，对那些不利于员工健康安全的管理方式、工作环境等提出批评并施加压力，促其整改。企业要想正常运转，必须慎重对待这些批评并按要求予以改善。了解企业中劳动组织的发展程度，有利于管理者了解支持员工健康安全管理的力量有多强大，也可以明确企业可以得到劳动组织多大程度的支援，企业要同劳动组织密切配合，互相支持，以便更好地开展工作。

3. 职位特征

不同的职位面临的危险是不同的。煤矿采掘业中，采煤工人的危险系数较高，井上管理人员的危险系数较低；电脑操作人员受到电脑辐射伤害的可能性比销售人员受到同样伤害的可能性高很多。这是因为，不同职位的工作环境有所不同，他们接触危险环境的可能性自然存在差异。企业只有明确不同职位对员工健康安全管理的影响，才可能有针对性地将健康安全管理落实到具体的岗位上。

4. 沟通顺畅程度

沟通对员工健康安全管理有着非常重大的影响。不同类型的企业，为了保证生产安全，都会建立正式的沟通系统，如工作班组之间的交接系统等。同时，员工之间经常会形成一些沟通网络。沟通若不通畅，会严重威胁员工健康安全管理。

5. 员工的工作经验和熟练程度

事故的发生和员工的工作经验及熟练程度有非常直接的关系。员工在某一岗位的工作经验越丰富，他们对这一岗位上存在的危险就越有了解和体会。员工工作越熟练，他们对可能发生事故的各个环节就越熟悉，由此，就会更好地遵守各种安全规章以及操作规程。在办公室这种工作场所，经验同样会使员工总结出许多避免伤害的有效方法和规律，如怎样合理地摆放纸制品，以防止火灾的发生等。

6. 工作的丰富性

工作的丰富性对员工在工作过程中安全意识的产生有十分重要的影响。工作单调，员工容易产生厌倦情绪，注意力分散，失去工作兴趣，就为事故埋下了隐患，许多事故就是在员工工作疏忽的情况下发生的。相反，工作内容越丰富，越容易减少这些安全隐患。

7. 员工的工作态度和对工作的满意度

员工的工作态度会直接影响其对安全规章的接受程度和遵守程度，员工对工作的满意度也会对这两方面产生影响。员工对工作满意，工作态度积极，对企业有归属感，就会更好地遵守企业的规章，同时会将健康安全作为自身工作过程中的重要内容来考虑。相反，健康安全管理将可能面临员工不在意或有意疏忽等情况。

8. 企业的文化氛围

每家企业都有自己的文化氛围，这种文化氛围会影响员工的工作方式、遵守规章的程度和自觉性等。因此，健康安全管理的负责人只有了解企业目前的文化氛围，才能有针对性地开展工作。

企业的员工健康安全管理工作受很多因素的影响，主要是以上这八个因素，其中企业所属产业和行业类型、劳动组织的发展程度、职位特征、员工的工作经验和熟练程度是最重要的因素。

关键点提示

影响员工健康安全管理的因素主要有：

1.企业所属产业和行业类型；2.劳动组织的发展程度；3.职位特征；4.沟通顺畅程度；5.员工的工作经验和熟练程度；6.工作的丰富性；7.员工的工作态度和对工作的满意度；8.企业的文化氛围。

6.4 如何建立职业健康安全管理体系

工作场景描述

当设计职业健康安全管理体系时，可查看。

解读与分析

企业进行员工健康安全管理时，要有一个较为完善的管理框架才可能更好地开展工作。已有的经验表明：职业健康安全管理体系是一个值得参考的管理体系，这一管理体系在国际上被广泛应用。在国内，这一管理体系也逐渐成为许多企业选用的安全管理体系，在工业企业中表现尤为突出。实际上，这一管理体系完全可以被运用到不同类型的企业中。

职业健康安全管理体系是一个具有持续改进特征的安全管理体系，其目标不仅在于使企业的健康安全管理在一个明确的框架内运作，还强调员工健康安全管理水平应不断得到提升。具体来讲，职业健康安全管理体系主要包括以下内容。

1. 制订员工健康安全管理方针

员工健康安全管理方针是整个管理体系的灵魂。这一方针将贯穿所有的工作，也是协调不同部门间工作的根本原则。它应该由企业最高领导和广大员工共同磋商制订，只有这样，才可能得到最广泛的认可，也才可能使基于这一方针的各种措施与方案得以全面推行。

2. 设计从事管理的组织结构及其职责

完善的组织结构和清晰的职责将使管理工作更为有效。由高层领导和基层员工共同制订的职业健康安全管理体系，可以使各种规章自上而下地执行，减少制度执行过程中的障碍。清晰的职责可以使企业很快找到直接责任人，以便快速有效地解决问题，恢复生产。

3. 设计员工健康安全管理的活动、程序及过程

员工健康安全管理必须通过开展一系列的工作将其落到实处。开展具体的工作之前，相关人员对所有的工作进行预先安排和筹划是非常必要的。企业需要明确开展什么样的活动可以达到目标，应遵循怎样的工作程序，工作过程中的重点应放在哪里。

设计阶段的工作主要包括危险源的识别、风险评价、风险控制的策划、职业健康安全管理方案的设计等。

4. 实施和运行设计的方案

实施设计好的方案时，相关人员应注意实施过程中的问题，收集运行方案过程中的经验。这些问题和经验将会是改进工作的最好依据。

5. 检查和监督

运行职业健康安全管理体系过程中，检查和监督是必要的。预先设计的工作方案和活动经常会被扭曲乃至忽略。检查和监督可以督促有关部门和人员严格按照规章开展工作。同时，检查和监督也将为企业提供改进工作的线索。

6. 进行管理评审，明确方案的优缺点

管理评审是由企业的最高管理者在规定的时间间隔内对职业健康安全管理体系进行的评审。评审涉及管理方针、目标等内容。在管理评审过程中，相关人员需要同时收集各种职业健康安全管理体系的资料，以帮助管理者评价，这种评价将有益于确保管理体系的稳定性和持续性。

7. 进行新的设计活动，以便弥补缺陷或使管理水平得到提升

在对整个管理体系进行评价的基础上进行新的设计，体现了这一管理体系持续改进的特点。职业健康安全管理体系会在这种设计和改进方案的不断循环中得到不断完善。

同时，员工健康安全管理面临的政策和法律环境是变化的，企业不断地设计和改进方案也是为了适应环境的变化。

员工健康安全管理体系是依照一套完善的制度建立起来的组织、控制体系。其目的有两个：一是切实保障员工的健康安全；二是使企业形成持续改进的健康安全管理工作体系，最终实现企业人力资源水平的提升和经营目标的达成。

关键点提示

建立职业健康安全管理体系的步骤为：

1.制订员工健康安全管理方针；2.设计从事管理的组织结构及其职责；3.设计员工健康安全管理的活动、程序及过程；4.实施和运行设计的方案；5.检查和监督；6.进行管理评审，明确方案的优缺点；7.进行新的设计活动，以便弥补缺陷或使管理水平得到提升。

6.5 如何明确企业经营者的责任

工作场景描述

当需要明确经营者的责任时，可查看。

解读与分析

企业经营者对员工的健康安全负有责任，国家的法律和政策对企业应负的责任进行了明确的规定和说明。这些规定是在长期生产实践中由劳动者和企业共同探索出来的经验的总结，它们对于企业实现健康发展有着非常重要的意义。从避免因疏忽而导致被法律惩罚的角度来说，熟悉国家法律和政策对于经营者来说也是必要的。

1. 关于经营许可的规定

员工健康安全管理与企业的安全生产是紧密相关的。我国的法律规定，生产经营单位具备相关法律法规规定的安全生产条件，方可从事生产经营活动，否则，不得从事任何生产经营活动。国家对违反经营许可规定的责任人要进行行政处分，构成犯罪的还要追究其刑事责任。

2. 关于企业主要负责人的责任的规定

《中华人民共和国安全生产法》规定，企业主要负责人是本单位安全生产工作的第一责任人，责任人未能履行职责，导致生产安全事故的，将被追究责任，构成犯罪的，还可追究其刑事责任。法律规定的具体职责如下。

（1）组织制订、健全本单位安全生产规章制度和操作规程。

（2）保证本单位安全生产投入的有效实施。

（3）督促、检查本单位的安全生产工作，及时消除生产安全隐患。

（4）组织制订并实施本单位的生产安全事故应急救援预案。

（5）及时、如实报告生产安全事故。

3. 关于安全资金投入和技术改进的规定

《中华人民共和国安全生产法》规定：企业应当保证在安全生产方面的资金；由安全资金投入不足导致不良后果的，企业负责人要承担相应的责任。国家还鼓励和支持安全生产科学技术研究和安全生产先进技术的推广应用，实行对在改善安全生产条件、防止生产安全事故等方面取得显著成绩的企业及个人给予奖励的政策。

4. 关于安全管理人员的规定

《中华人民共和国安全生产法》规定，矿山等企业应设置安全生产管理机构或配备专职安全生产管理人员，其他企业也应有安全生产管理人员。员工健康安全管理实际上已经不仅是工业企业应当注意的问题，所有企业的员工都会面临一些不确定的危险，只是危险程度不同而已。因此，各类企业都有责任进行员工健康安全管理工作。未按相关规定进行安全管理的企业，将被责令停产整顿，并处以罚款。

5. 关于进行员工培训的责任的规定

《中华人民共和国安全生产法》规定，企业应对从业人员进行安全生产教育和培训，保证从业人员具备必要的安全知识，熟悉各种安全生产规章和操作规程，掌握基本的安全技能。同时规定，企业应对特种作业人员进行专门的培训，特种作业人员取得特种作业操作资格证书后方可上岗。未按相关规定进行人员培训的企业，要受到停业整顿和经济处罚。

6. 关于设备和环境安全的规定

《中华人民共和国安全生产法》规定，企业应对安全设备进行经常性维护、保养并进行定期检测，应当在有较大危险因素的场所和设施、设备上设置明显的安全警示标志。同时，企业应使员工明确知道工作环境中存在的危险，并提供相关的劳动安全保护措施，进行相应的劳动保护。

7. 关于事故处理的责任的规定

《中华人民共和国安全生产法》规定，在发生重大事故时，企业负责人应组织抢救，并且不得擅离职守。企业对生产安全事故造成的人员伤亡和财产损失有赔偿的责任，对拒不承担责任的企业，法院可以强制其执行。

企业经营者对员工的健康安全负有不可推卸的责任，国家的相关法律、法规具体规定企业经营者的责任，一方面，有利于保障普通员工的权益，另一方面，有利于保护企业间的正常竞争。

关键点提示

国家法律和政策对企业经营者的责任的规定包括以下几点：

1.关于经营许可的规定；2.关于企业主要负责人的责任的规定；3.关于安全资金投入和技术改进的规定；4.关于安全管理人员的规定；5.关于进行员工培训的责任的规定；6.关于设备和环境安全的规定；7.关于事故处理的责任的规定。

6.6　如何依法明确员工健康与安全方面的权利和义务

工作场景描述

当需要明确员工健康与安全发面的权利和义务时，可查看。

解读与分析

作为国家的公民和企业的员工，从业人员具有和自身职业相关的权利，也承担相应的义务。员工健康安全管理不是企业一方的事情，而是企业和员工相互配合的事情。员工健康安全管理不仅要注重对企业有关权利责任的管理，也要注重依法管理员工的工作行为。这一方面有利于更好地保障员工的健康安全，另一方面，有利于分清责任，在为企业减少不必要的损失的同时维护企业形象。依法明确员工健康与安全方面的权利和义务时，企业可以依照以下内容开展工作。

1. 员工在劳动合同方面的权利

员工在与企业订立劳动合同时，有权要求企业将劳动安全、防止职业危害、工伤保险等内容列入合同。企业也应主动将相关内容写入合同。

2. 员工了解自身岗位特征的权利

从业人员有权知道作业场所和工作岗位存在的危险因素、防范措施及事故应急措施。同时，其有权对本企业的安全工作提出建议，对存在的问题进行检举或控告。企业不得对其打击报复。

3. 员工面临危险时的权利

员工在工作过程中遇到直接危及人身安全的紧急状况时，有权停止作业并撤离现场，企业不得因此对其进行任何处罚。

4. 员工接受培训的权利

员工有权接受安全生产方面的教育和培训，掌握本职工作所必需的安全生产知识和技能。

5. 员工受到伤害时要求赔偿的权利

员工在工作过程中受到伤害，可以依法享有工伤保险给予的赔偿，有权向企业提出赔偿要求。

6. 员工在工作过程中遵守安全规章、操作规程的义务

员工在工作过程中应当严格遵守企业的安全规章和操作规程，服从企业管理，正确使用各种劳动保护用品。

7. 员工报告危险和隐患的义务

员工在发现事故隐患或者其他不利于健康安全的因素时，有义务向现场的管理人员和企业负责人报告。

员工的健康安全应受到企业的保护和重视，这是国家法律赋予员工的权利。同时，为了能更好地保障员工的健康安全和企业的安全生产，遵守各种操作规程和安全规章、及时报告事故隐患是员工的义务。员工合理要求自身权利并履行义务，对企业和员工都是有利的。

关键点提示

员工在健康与安全方面的权利和义务包括以下几点：

1.员工在劳动合同方面的权利；2.员工了解自身岗位特征的权利；3.员工面临危险时的权利；4.员工接受培训的权利；5.员工受到伤害时要求赔偿的权利；6.员工在工作过程中遵守安全规章、操作规程的义务；7.员工报告危险和隐患的义务。

6.7　如何对女员工和特种作业工人进行劳动保护

工作场景描述

当需要明确女员工以及特种作业工人的健康安全管理原则时，可查看。

解读与分析

女员工特殊的生理特征和对社会的特殊意义，使其在员工健康安全管理过程中具有特殊的地位。特种作业工人所从事的工作具有特殊性，国家法律规定了其特殊的权利和待遇。在员工健康安全管理过程中，对这两类人群需要进行特殊管理。对相关法律政策的了解，将有助于企业开展这方面的工作。企业对女员工和特种作业工人进行劳动保护时，主要依据以下内容开展工作。

1. 女员工从事工作的禁忌范围和对其劳动强度的规定

我国法律对女员工健康安全保护的规定，首先体现在对工作禁忌范围和对其劳动强度的规定上，主要有以下内容。

（1）禁止安排女员工从事矿山井下作业、森林伐木作业、流放作业以及国家规定的第四级体力劳动强度的作业。

（2）禁止安排女员工从事建筑业脚手架的组装和拆除作业，电力、电信行业的高处架线作业。

（3）禁止安排女员工从事单人连续负重量（指每小时负重次数在6次以上）每次负重超过20千克，间接负重量每次超过25千克的作业。

（4）在月经、怀孕、哺乳期间禁忌从事的其他劳动。

2. 女员工的“四期”保护和更年期保护

女员工的“四期保护”是针对女性的生理特征实施的，主要有以下内容。

（1）月经期保护。在女员工月经期间，禁止企业安排其从事重体力劳动，禁止安排其5米以上的高处作业，禁止从事高温、低温作业以及野外作业。

（2）怀孕期保护。女员工在怀孕期间，企业要提供相关的卫生保护，建立休息室，禁止安排其从事国家相关文件规定的各种有毒、重体力、高空作业等工作。预产期前还应安排孕妇休息，怀孕期间不得降低基本工资。

（3）生育期保护。企业在女员工产后应进行访视并提供产后指导。女员工生育享受98天产假；难产的要增加15天产假；对多胞胎情况，每增加一个婴儿，应增加15天产假。产假后的1～2周内工作量应少于原工作量，以便女员工逐渐恢复。

（4）哺乳期保护。企业要为女员工提供12个月的哺乳期。处于哺乳期的女员工不能从事有毒工作。企业也不能延长其工作时间，并且不能安排夜班工作。有哺乳婴儿五名以上员工的企业，应为女员工建立哺乳室。

有些女员工进入更年期后可能会在情绪、精神状态、身体状况等方面表现出与正常状态非常大的差异，如容易生气、精神不能集中等。此时，她们已经不适宜从事许多劳动量大、细致的工作，企业应安排她们从事适宜的工作。这既有利于保护女员工的身体健康，也有利于企业各项工作的顺利进行。

总之，女性有着不同的生理特征，还担负了与男性不同的社会责任，因此，企业应重视对女员工健康安全的保护。

3. 对特种作业工人的保护

一些行业的工作岗位存在着比其他行业的岗位更加危险的因素。对从事这些特种作业工人的健康安全，国家相关法律规定，特种作业工人要经过相应的培训，经过安全技术考核，取得资格证书后方可上岗。特种作业工人每两年复审一次，进行知识更新和身体检查，其后才可继续从事相关工作。

对从事这些工作的员工，国家法律也给出了特殊的保护性规定，企业应时刻注意，这也是员工健康安全管理的应有之义。

关键点提示

在女员工和特种作业工人的劳动保护方面，企业应注意以下要点：
1.女员工从事工作的禁忌范围和对其劳动强度的规定；2.女员工的“四期”保护和更年期保护；3.对特种作业工人的保护。

6.8　如何处理和应对工会的介入

工作场景描述

当需要与工会在员工健康安全工作中协调关系时，可查看。

解读与分析

工会是最重要的劳动组织之一，也是极具力量的劳动组织。国家对工会组织极为重视，有专门的管理机构对各级工会进行管理。我国的工会主要在党委的领导下开展工作，各级工会的主要任务是配合企业更好地开展各项生产和管理活动。从根本上说，我国的工会组织是促进企业发展的一个重要组织，也是维护职工合法权益最重要的全国性劳工组织，其本身负有保护职工权益的重大职责。对于工会的介入，企业主要应从以下两点出发来进行分析。

1. 工会在企业经营和员工权益维护中的作用

工会主要在法律许可的范围内开展工作，极端的手段不被鼓励使用。工会是在党委的领导下开展工作的，它有权力通过行政手段对企业经营过程中不利于员工健康安全的生产方式进行干涉和批评，甚至阻止企业继续进行不安全的生产。因此，企业不能忽略工会组织的影响力，及时有效地与工会进行沟通和协调，不仅有利于避免冲突，更可以加强员工健康安全工作。

2. 关于工会在保护员工健康安全方面权力的规定

《中华人民共和国安全生产法》明确规定，工会对生产经营单位违反安全生产法律、法规，侵犯从业人员合法权益的行为，有权要求其纠正；发现生产经营单位违章指挥、强令冒险作业或者发现事故隐患时，有权提出解决的建议，企业应及时研究答复；发现危及从业人员生命安全的情况时，有权向生产经营单位建议组织从业人员撤离场所，生产经营单位应立即做出处理。

国家的相关法律赋予了工会保护员工权益的责任和权力，也提倡工会要为企业的整体发展服务。员工健康安全管理部门应处理好与工会组织的关系，利用工会的作用更好地维护员工权益并促进企业发展。

关键点提示

企业主要应从以下两点出发来进行对工会介入的分析：

1.工会在企业经营和员工权益维护中的作用；2.关于工会在保护员工健康安全方面权力的规定。

6.9　如何设计管理体系的组织架构

工作场景描述

当设计员工健康安全管理体系的组织架构时，可查看。

解读与分析

员工健康安全管理体系要有一套完整的组织架构，这样企业才可以很好地完成工作。鉴于员工健康安全管理工作的性质，其组织架构必须是一个从上到下的体系。因此，员工健康安全管理体系的组织架构要涉及企业的不同部门、不同层次。具体来说，企业员工健康安全管理体系的组织架构中应包括以下部门及其代表。

1. 高层管理者

在员工健康安全管理体系的组织架构中，高层管理者非常重要。这一层次主要是总经理和相关的副总经理，他们处于最高层次，是整个组织架构和谐运作的关键。高层管理者代表管理层承担职责，做出承诺，为员工健康安全管理体系提供各种资源，保证这一体系的正常实施。

2. 员工健康安全管理部门代表

员工健康安全管理部门代表是开展此项工作的主要力量，在构建整个组织架构过程中，起到积极的推动作用，同时负有协调各部门工作的责任。

3. 其他各部门的经理、主管以及代表

员工健康安全管理需要不同部门的配合。例如，人事部门要根据员工健康安全管理部门的要求进行员工招聘、培训，建立相关的档案，将该方面的指标纳入员工考核。财务部门需要配合进行各级成本计算，保证资金方面的需要。

4. 员工代表

选择员工代表时，企业应尽量选择在员工中具有较高威望和较大影响力的人。在员工健康安全管理体系中吸收员工代表，一方面是为了更好地征求员工的意见，另一方面，是为了增强管理体系的公正性和代表性，以便得到员工的鼎力支持。

关键点提示

员工健康安全管理体系中应包含以下人员：

1.高层管理者；2.员工健康安全管理部门代表；3.其他各部门的经理、主管以及代表；4.员工代表。

6.10 如何确定相关人员的职责与权力

工作场景描述

当需确定健康安全管理相关人员的职责与权利时，可查看。

解读与分析

明确员工健康安全管理体系中不同成员的职责和权利，是保障员工健康安全管理工作有序开展的必要条件。具体来说，员工健康安全管理体系中参与者的职责与权利主要包括以下内容。

1. 最高管理者的职责

由于最高管理者在企业管理中负有重大的责任，是提供承诺的主体，因此，最高管理者的职责必须非常明确。

（1）审查和批准员工健康安全管理的方针。

（2）任命员工健康安全管理代表或主管。

（3）为员工健康安全管理工作提供资源。

（4）承担员工健康安全管理的责任。

（5）对员工健康安全管理工作进行定期考核和评审。

2. 员工健康安全管理部门代表的职责

员工健康安全管理部门代表是员工健康安全管理工作的具体执行者，要在实际工作中全面贯彻员工健康安全管理工作的各项方针，推进员工健康安全管理工作的实施。具体来说，其主要有以下职责。

（1）按照国家甚至是国际上的相关法律法规、标准开展员工健康安全管理工作，这些工作具体包括组建管理机构、制订管理职责、确定员工健康安全管理的总方针。

（2）保证与高层管理者的沟通，向他们汇报员工健康安全管理的各项工作内容，报告工作绩效，为评审和改进提供各种资料。

（3）进行组织内、外的沟通和联络，以保证员工健康安全管理工作的顺利进行。

3. 企业员工的权利

明确员工的权利是员工健康安全管理具体实施的基础。他们作为企业的成员，享有以下权利。

（1）可以了解本企业员工健康安全管理的体系、结构以及具体工作，包括查阅相关文件以及评审报告。

（2）有权接受员工健康安全管理的相关培训。

（3）有权就员工健康安全管理工作随时与管理者沟通和交流。

（4）有权在岗位上按照相关劳动保护法律和规定赋予的权利开展工作，也就是有权拒绝不符合相关规定的工作指令和工作内容，并将其提交管理层。

明确不同人员的职责和权利是员工健康安全管理工作的必要前提，它可以保障工作的有序性、职责的明确性。职责和权利不仅应使不同岗位的人员充分参与相关工作，而且应该产生相互监督、相互促进的效果。

关键点提示

确定相关人员的职责与权利时主要从以下三方面进行：

1.最高管理者的职责；2.员工健康安全管理部门代表的职责；3.企业员工的权利。

6.11　如何编制员工健康安全管理手册

工作场景描述

当需要将健康安全管理制度编制成手册，以供查阅和宣传时，可查看。

解读与分析

员工健康安全管理体系的相关内容应被广泛地传达给企业的所有成员，员工健康安全管理手册是达到这一目的的有效工具。

1. 员工健康安全管理手册的主要作用

（1）展示员工健康安全管理体系的框架。

（2）展示员工健康安全管理的方针、目标和架构。

（3）使员工健康安全管理有一份可以遵循的文件。

（4）明确管理部门的职责和权限。

（5）为审核以及评价提供书面文件。

2. 员工健康安全管理手册的主要内容

（1）封面。

（2）高层领导颁布手册的决议。

（3）目录。

（4）对手册的说明和解释。

（5）对手册中涉及术语的解释。

（6）企业简介。

（7）员工健康安全管理体系的方针和目标。

（8）员工健康安全管理体系的组织架构和相应职责。

（9）各种标准的解释和说明。

（10）附录。

3. 编制过程中的注意事项

（1）语言要简洁明了，做到通俗易懂。

（2）应按照相应的顺序编写，以使条理清晰。

（3）专用术语不要改动，但应加以详细说明和解释。

（4）各部分内容应保持格式上的一致。

企业编制员工健康安全管理手册的目的，是使企业成员了解员工健康安全管理的内容，便于开展工作和互相监督。员工健康安全管理手册应成为全面、实用的培训资料。

关键点提示

企业编制员工健康安全管理手册时，应注意把握以下内容：

1.员工健康安全管理手册的主要作用；2.员工健康安全管理手册的主要内容；3.编制过程中的注意事项。

6.12　如何制订健康安全教育培训计划

工作场景描述

当需制订员工健康安全教育培训计划时，可查看。

解读与分析

对员工进行健康安全教育培训，是保障员工在工作过程中健康安全的重要预防性管理措施。制订一个合理的员工健康安全培训计划，可以保障整个培训的效率和作用。按照一定的原则和程序制订的培训计划，可以清晰地表明培训对象、培训过程以及培训目标。企业制订员工健康安全培训计划时主要应掌握以下内容。

1. 制订计划的原则

（1）要有针对性。员工健康安全培训应以企业和员工的实际需求为出发点，还要考虑培训的可用资源，针对不同岗位的从业人员进行有针对性的培训，在培训方法和组织方式上要适应不同岗位的从业人员。

（2）应循序渐进。员工健康安全培训有不同的内容，分不同阶段，通常包括健康安全知识的培训、有关技能的培训以及态度方面的培训。这三个方面的培训是循序渐进的，首先应传授必要的知识，之后传授技能，最后要使员工真正树立起健康安全的理念，这样培训才会有效果。

（3）保证计划的完整性。员工健康安全培训计划应全面考虑整个培训中的各个细节，主要包括：①培训对象；②培训何种内容；③日期和培训时长；④培训费用；⑤培训地点；⑥培训目标。

2. 制订计划的程序

计划可以参照以下程序进行制订。

（1）确定受训对象和培训目标。

（2）确定培训的内容。

（3）选择合适的培训方法。

（4）确定培训的组织方案。

（5）制订培训管理的制度和规章。

（6）编制计划书。

3. 编制一份计划书

相关人员制订了健康安全培训计划之后，应编制相应的计划书，它可以使工作内容变得更加清晰和有条理。计划书的内容一般包括：培训主题、培训的目的和意义、培训对象、培训规模、培训的组织方式、培训方法、培训时间、培训费用、培训地点等。

员工健康安全教育培训是一项长期的工作，一定要循序渐进。健康安全教育培训不仅要使员工了解基本的知识和技巧，还要在长期培训中形成一股无形的文化约束力，因此相关人员应注意各种培训间的相互配合。在拟订健康安全教育培训计划时，其内容一定要详细，要有针对性，这样才能使计划得以有效实施。一份计划书对厘清健康安全教育培训计划非常有用，所以培训计划一定要形成书面文件。

关键点提示

制订健康安全教育培训计划时应注意以下内容：

1.制订计划的原则；2.制订计划的程序；3.编制一份计划书。

6.13　如何确定健康安全教育培训的对象

工作场景描述

当选择健康安全教育培训对象时，可查看。

解读与分析

员工健康安全教育培训对象的确定要从员工健康安全教育培训的需求分析开始。员工健康安全教育培训的目的主要是满足员工相应的需求，使员工在工作过程中树立健康安全意识，减弱员工工作的危险性。

1. 员工健康安全教育培训的需求分析

相关人员进行员工健康安全教育培训的需求分析时，首先，要根据实际工作中的具体情况发现问题；其次，要初步分析工作中具体问题发生的原因及其与员工健康安全间的联系；再次，收集相关资料，以便具体分析工作中的问题与健康安全的关系；最后，根据相应的结论进行员工健康安全教育培训的需求分析。

通常来说，员工健康安全教育培训的需求分析主要从以下方面入手。

（1）不同岗位的安全知识与技能需求分析，主要通过岗位分析、岗位技能考核、部门主管和领导等途径了解不同岗位的安全知识与技能需求。

（2）员工工作态度。健康安全教育培训不仅是进行健康安全知识与技能的培训，也是提高员工健康安全意识、改变员工健康安全观念的培训。工作态度不好、健康安全意识差、健康安全知识与技能不足的员工，必须接受相关培训，合格后才可以上岗工作。

（3）员工培训需求调查。员工的培训需求要通过对员工的调查来进一步确认。不同岗位上的员工对自己的工作会有不同的体验，工作过程中实际遇到的困难使他们在培训需求方面更有发言权，因此，了解他们的意见能更好地确认应如何开展健康安全教育培训。

2. 员工健康安全教育培训对象的确定

员工健康安全管理工作是涉及企业全体成员和所有部门的事情，因此，员工健康安全教育培训是一场全员培训，只是针对不同的岗位，培训重点有所不同而已。通常来说，相关人员可以将健康安全教育培训的对象分成以下五类。

（1）企业高层领导和管理人员。

（2）企业中层和基层管理人员。

（3）员工健康安全管理部门的员工。

（4）普通岗位的员工。

（5）特种作业岗位的员工。

确定健康安全教育培训的对象时，首先，相关人员要进行需求分析，了解员工的具体需要后才能做到有的放矢；其次，相关人员对培训对象进行合理的分类，对不同类型的培训对象进行不同的培训，会使健康安全教育培训更加有效。

关键点提示

确定健康安全教育培训对象时应注意以下要点：

1.员工健康安全教育培训的需求分析；2.员工健康安全教育培训对象的确定。

6.14 如何确定员工健康安全教育培训的内容

工作场景描述

当确定员工健康安全教育培训内容时，可查看。

解读与分析

确定恰当的员工健康安全教育培训内容是有效开展员工健康安全教育培训的基础。企业确定培训内容时，一方面，要参考培训需求分析，另一方面，要遵循一定的原则开展具体的工作。

1. 选择培训内容时应遵循的原则

（1）培训内容应完整、系统。

（2）培训内容应将通用性与专用性相结合。

（3）理论联系实际。

（4）因需施教。

（5）培训内容应直观易懂。

2. 员工健康安全教育培训的内容

（1）岗位知识技能培训。岗位知识技能培训主要是开展相应岗位的专业知识技术和技能的培训，使员工可以按照正规的操作规程、工作方法工作。

（2）岗位健康安全防护知识和技术培训。岗位健康安全防护知识和技术培训的侧重点在于防护，相关人员要将不同岗位可能面临的危险、面临危险时如何应对、不同岗位可能会对员工健康产生哪些长期危害、需要采取何种保护措施等内容传达给员工，使员工了解自己的岗位，了解工作中应如何保护自己。

（3）企业健康安全文化培训。企业的健康安全文化可以使企业健康安全管理体系的运行处于一种稳定的状态，有利于培育企业的健康安全氛围。从长远来看，健康安全文化培训会使员工与岗位紧密结合，从根本上保证员工的健康和安全。

（4）健康安全意识和工作态度培训。员工在工作过程中具有强烈的健康安全意识和良好的工作态度，对于实现企业的员工健康安全管理目标具有重要的作用。健康安全意识和工作态度培训主要是进行思想教育和相关的法制、规章教育，使员工明确他们的权利，了解健康安全的意义所在。

员工健康安全教育培训的内容应全面、系统，结合员工的实际需求，兼顾技术、技能、知识和文化方面的培训。

关键点提示

员工健康安全教育培训的内容为：

1.岗位知识技能培训；2.岗位健康安全防护知识和技术培训；3.企业健康安全文化培训；4.健康安全意识和工作态度培训。

6.15 如何开展员工健康安全教育培训

工作场景描述

当选择员工健康安全教育培训的方法和组织形式时，可查看。

解读与分析

开展员工健康安全教育培训时，相关人员应针对不同内容、不同目标、不同对象选择不同的培训方式。同时，相关人员应遵循一定的程序，对培训工作进行管理。

1. 员工健康安全教育培训的方式

（1）短、长期的业余培训班。

（2）成立职工培训学校。

（3）进行巡回讲座和表演。

（4）岗位比武练兵。

（5）经验交流会。

2. 实施员工健康安全教育培训的步骤

（1）做好准备工作。其主要包括提供与培训计划相匹配的师资力量，选择或编撰培训教材，安排培训地点、培训时间等。

（2）对培训过程进行管理。培训过程中有许多协调工作，为了保证培训效果，企业需要请专人对整个培训过程进行监控。培训过程的管理主要包括教学管理、培训人员的出勤管理、培训档案建立等内容。

（3）对培训结果进行考核和评估。企业实施各种培训的目的是使员工在工作岗位上表现出的技能获得提升，健康安全意识和工作态度得以增强和改善。因此，企业对培训结果进行考核和评估是必要的，主要从以下几方面入手。

①员工反应。

②员工的学习成果。

③员工的工作绩效。

④员工的思想、行为。

相关人员要收集员工在以上四方面的变化，评估员工健康安全教育培训成效，分析培训计划的优、缺点，以使今后的健康安全教育培训更有效、更有针对性。

开展员工健康安全教育培训时的重要工作是选择合适的培训方式，不同的培训目的和培训内容需要采用不同的培训方式。对于技能性的培训来说，实践操作和参与非常重要，理论性的培训则不必采用参与式培训方式。在培训过程中，相关人员应注意做好管理工作，确保受训员工认真参加培训。

关键点提示

开展员工健康安全教育培训时，企业应注意以下两点：

1.员工健康安全教育培训的方式；2.实施员工健康安全教育培训的步骤。

6.16　如何构建员工健康安全文化体系

工作场景描述

当需要了解构建员工健康安全文化体系的内容时，可查看。

解读与分析

企业的员工健康安全文化体系是一个复杂的系统。企业若想用文化确保员工健康安全管理的持久和稳定性，就要将相关的制度、规范、管理工作等建成一个体系。员工健康安全文化体系建设就是进行企业物质方面和精神方面的文化建设，构建多层次，渗透性强，与员工的日常工作、生活、思想、心理状态等融为一体的文化体系。具体来说，构建企业的员工健康安全文化体系主要包括以下工作内容。

1. 确立企业员工健康安全文化的根本理念

员工健康安全文化的核心是树立健康安全的理念，企业用这个理念指导企业的健康安全工作乃至其他一切工作。健康安全理念的本质是保证员工不受到任何伤害和损失，保护企业的人力资源。每个企业应根据自身的情况确立更加具体和形象的健康安全理念，简单的“安全第一”无法使员工有深入的理解和认识。不同的企业，性质有所不同，各种工作也不同，因此，健康安全理念应和本企业的性质相适应。

2. 成立构建员工健康安全文化体系的组织机构

一个强有力的组织机构是构建员工健康安全文化体系的重要支柱，它可以动员各种资源和力量，从上到下贯彻落实健康安全的理念。企业的高层管理者应该成为这一机构的重要成员。员工健康安全管理部门可以承担具体的事务性工作，但建设员工健康安全文化不只是某一个部门的事情，它需要各部门的人员都参与到这一组织机构中来，委员会是一种很好的组织形式。

3. 确立构建员工健康安全文化体系时应遵循的原则

通常来说，企业构建员工健康安全文化体系时应遵循以下原则。

（1）将健康安全文化融入企业文化。

（2）将健康安全文化的建设与企业的具体工作结合起来。

（3）动员所有力量开展建设活动。

（4）使建设活动成为企业永远的使命。

（5）各种活动应坚持以人为本。

（6）注意各种工作和活动的关联性。

4. 建立员工健康安全文化宣传机制

宣传是扩大文化影响力的重要手段，构建员工健康安全文化体系时同样需要配套的健康安全文化宣传机制。企业应将正式的宣传与非正式的宣传结合起来，将工作活动和场所的健康安全宣传与日常生活结合起来。员工健康安全文化宣传应渗透到员工的每一个生活细节中。

5. 建立健康安全制度体系

制度始终是最为强调的内容。在员工健康安全文化体系中，制度是桥梁和框架，它使健康安全文化的具体内容和理念转变成对员工工作、活动的约束。员工健康安全制度体系包括管理制度、工作岗位制度、教育培训制度、员工组织制度、员工文化生活制度、宣传制度和全面协调制度。

6. 建立健康安全教育培训体系

员工健康安全教育培训体系同样是健康安全文化体系的重要内容。这一培训体系把健康安全理念和意识渗透到对员工的各种培训中，以健康安全教育培训为线索组织开展各种培训。

7. 开展各种健康安全文化活动

健康安全文化活动是建设员工健康安全文化体系的一种重要辅助手段。工作岗位上的具体工作、企业组织的各种专业培训，虽然可以使员工具体详细、全面有效地学习和掌握健康安全知识与技术，树立健康安全的意识，但这些活动通常较为枯燥，形式也较为单一，其效率通常没有预期的那样高。这就需要通过开展多样化的健康安全文化活动来提高学习效率和工作效率。健康安全文化活动的形式不拘一格，可以采用员工喜闻乐见的所有形式，重要的是将健康安全知识融入其中，使员工在轻松、愉快的环境下学习和接受这方面的知识。

8. 注重动员各种与员工相关的积极因素

员工的工作行为和心理、情感、知识、家庭等多种因素有着密切的关系，保证员工健康安全的重要方面就是使员工保持安全的工作行为。因此，员工健康安全文化体系还应具有动员各种力量配合员工保证其安全工作的能力，使与员工有关的因素积极配合。动员各种与员工相关的积极因素的方法，主要是建立全方位的沟通机制。

构建员工健康安全文化体系，就是从正式的制度、管理、培训、工作活动到非正式的人际关系、日常交流，全面地、多层次地将健康安全的理念渗透到每一层面，动员一切积极因素，保证员工健康安全。

关键点提示

企业构建员工健康安全文化体系时应注意掌握以下内容：

1.确立企业员工健康安全文化的根本理念；2.成立构建员工健康安全文化体系的组织机构；3.确立构建员工健康安全文化体系时应遵循的原则；4.建立员工健康安全文化宣传机制；5.建立健康安全制度体系；6.建立健康安全教育培训体系；7.开展各种健康安全文化活动；8.注重动员各种与员工相关的积极因素。

6.17 如何建设员工健康安全制度文化

工作场景描述

当需要了解如何建设健康安全制度文化时，可查看。

解读与分析

员工健康安全制度文化是健康安全文化体系的重要内容。它是沟通物质文化和精神文化的桥梁，是实现员工将健康安全理念融入具体工作活动的重要渠道。员工健康安全制度文化包括以下内容。

1. 认识员工健康安全管理制度在企业管理工作中的地位

企业的管理工作有很多方面，每一方面都有很重要的作用。很多情况下，确立员工健康安全管理制度会让步于其他工作，企业不重视健康安全工作，将其视为可有可无，会导致安全和健康问题经常发生。因此，企业领导一定要确立员工健康安全管理制度在企业管理工作中的重要地位，这样才能坚持长期开展制度文化建设而不松懈。

2. 建立从上到下的员工健康安全管理组织机构

员工健康安全管理组织机构是推进健康安全制度执行的重要力量。建立从上到下的健康安全管理组织机构，有助于制度的执行、宣传、检查、培训等工作的开展。但这一机构并不一定要专门设立，考虑成本和效率，企业在不同的层次选择某一部门兼任其职责也是可以的。

3. 建立员工健康安全责任制度

员工健康安全责任制度是从制度上强化各级领导健康安全意识和行为的重要手段，也是健康安全制度文化的重要内容。企业员工的健康安全如果不受领导的重视，没有领导的率先垂范，即便设计得再完美，也无法达成其目的。健康安全的投入是非常明显的，但产出却不像企业利润那样明显，它要在长期的生产经营活动中才能体现出来。因此，企业领导经常无法从根本上树立健康安全意识，在工作中也经常忽略这些内容。健康安全责任制度就是将健康安全与管理层的工作捆绑在一起，使他们的头脑中时刻绷着这根弦。

4. 建立员工健康安全教育培训制度

健康安全教育培训是我们一再强调的内容，它是员工健康安全管理工作的重要内容，制度化、系统化的健康安全教育培训也是健康安全制度文化的重要内容。健康安全教育培训制度可制度性地规定培训时间、培训对象、培训方式、培训内容、考核办法等，在企业中发展健康安全教育培训的师资力量，这样才能构建系统化的健康安全教育培训制度。

5. 建立员工健康安全检查监督制度

检查监督制度同样是健康安全制度文化的重要内容。它体现了工作的严谨性和系统的持续性改进。检查监督有两个重要功能：一是发现问题，找出责任人；二是使员工健康安全管理形成具有回路系统的体系。企业通过检查监督制度可总结经验教训，不断改进工作，这是最重要的。同时，健全的检查监督制度还表明了企业实事求是的精神，表明了企业坦诚面对工作和责任的态度。

6. 建立员工健康安全宣传制度

健康安全宣传制度就是要在企业内部规定用哪些途径、投入哪些资源、动员哪些部门、采取何种形式、在何时进行形式多样的健康安全宣传。宣传活动经常被作为某些活动的配合手段，通常没有一定的制度性规定，但健康安全的宣传活动一定要制度化，不能时有时无，因为健康安全宣传活动不仅是在沟通和宣扬，还会形成健康安全文化氛围。

7. 建立员工健康安全问题申诉制度

员工在具体工作中会遇到各种健康安全问题。国家相关法律和规范规定的危害已经被绝大多数单位认可，是较为严重的危害。不同企业还存在许多其他的危害，这些职业伤害可能较为隐蔽，短期内不会显现出危害性，但这并不代表没有危害。在具体工作中，即便出现了国家规定的各种危害，也可能因为某些人为的原因而被掩盖和忽略掉了。因此，企业要建立员工健康安全问题申诉制度，所有员工都有权就自己工作上面临的危害提出申诉建议。企业要用制度规范申诉行为和处理过程，以便及时处理员工的申诉。畅通的正式沟通渠道会使员工的健康安全问题被及早发现，而不是夹杂在员工的闲言碎语之中。

8. 建立员工健康安全问题处理制度

企业建立了员工健康安全问题的申诉制度后，就需要对相关申诉进行处理。同时，实际工作中经常会出现各种已成事实的健康安全问题，这同样要求企业及时做出处理。因此，健康安全制度文化还包括建立健康安全问题处理制度，对发现的问题规定处理周期、处理方式、处理过程监督执行等的原则和程序。

9. 建立设备、设施、劳动保护用品等的管理制度

设备、设施、劳动保护用品的合理、正常使用，是员工健康安全的保障。设备、设施、劳动保护用品的管理制度，体现的是企业对员工负责、对安全负责的精神。同时，严格的设备、设施、劳动保护用品管理制度还可以培养员工精细、认真的工作态度，使员工养成良好行为习惯。

10. 建立岗位工作制度

员工受到危害经常是在岗位上，避免危害也要从岗位上着手。建立严格的岗位工作

制度是形成良好工作习惯、使工作流程流畅的重要手段。许多健康安全问题发生在工作交接之时，生产连续性岗位的员工对自身岗位不负责任的工作行为，也经常会引起其他岗位出现连锁反应。因此，建立岗位工作制度的目的是使所有岗位的工作都按照一定的制度运转，密切配合，相互协调。

11. 建立员工健康安全绩效考核制度

员工的健康安全意识会通过工作活动表现出来，企业对好的行为进行奖励、对差的行为进行处罚是塑造员工行为的有效手段。设计具体的指标来考核员工的健康安全绩效是考核制度的核心工作。健康安全绩效考核制度是针对所有员工的，包括高层领导者。上下一致的健康安全绩效考核可以在企业全体员工中有效地形成重视安全的观念、意识，并使之在工作活动中表现出来。

12. 编制完整的健康安全制度手册

员工健康安全的各项制度建立起来后，企业还要使所有的员工清晰、明确地知道这些制度，让每位员工都了解应该做什么、不应该做什么。因此，相关人员要将各种制度汇编成手册，做到员工人手一册，并且组织员工学习。这样一方面可以强化制度的作用和影响力；另一方面，可以实现成员之间的相互监督，有利于制度的执行，形成制度文化核心影响力。

总之，建设员工健康安全制度文化就是要全面建立各种制度，体现健康安全理念，形成重视健康、重视安全的氛围。

关键点提示

员工健康安全制度文化包括以下内容：

1.认识员工健康安全管理制度在企业管理工作中的地位；2.建立从上到下的员工健康安全管理组织机构；3.建立员工健康安全责任制度；4.建立员工健康安全教育培训制度；5.建立员工健康安全检查监督制度；6.建立员工健康安全宣传制度；7.建立员工健康安全问题申诉制度；8.建立员工健康安全问题处理制度；9.建立设备、设施、劳动保护用品等的管理制度；10.建立岗位工作制度；11.建立员工健康安全绩效考核制度；12.编制完整的健康安全制度手册。

6.18 如何构建员工健康安全精神文化

工作场景描述

当需要了解如何构建员工健康安全精神文化时，可查看。

解读与分析

员工健康安全精神文化是员工健康安全文化的核心内容，它是健康安全方面人的思想、情感、意志的全面体现，是健康安全意识的根本内化，是从根本上实现员工健康安全文化对员工工作行为施加影响的因素。企业建设员工健康安全文化时一定要重视这一层次的文化内容和影响力。在具体工作中，企业应动用各种手段、各种力量构建员工健康安全精神文化。具体来说，企业构建员工健康安全精神文化时，主要有以下工作内容。

1. 确立员工健康安全的根本理念和价值观

理念是文化的核心内容，一切活动都是在一定的理念下开展的，也是为理念服务的。因此，在健康安全精神文化建设的所有内容中，确立根本理念和价值观是企业首先要做的工作。

2. 建立高层管理者的健康安全意识评价机制

高层管理者的健康安全意识影响企业的一切活动，因此企业要通过设计指标来考察和评价高层管理者的健康安全意识。这些指标可以衡量高层管理者是否在各种工作中体现了对健康安全的重视。例如，高层管理者制订的企业发展战略中是否有员工健康安全的内容？进行各种决策时是否考虑了员工健康安全？同时，这种评价应是规律开展的，而不应仅仅作为应景的摆设。

3. 建立中层管理者的健康安全意识评价机制

中层管理者的健康安全意识评价要定期开展。具体的指标和着重考察的内容如下。

（1）在自身的事务性管理工作中是否体现了健康安全意识？

（2）在执行最高管理层的战略规划时，是否有意识地进行了健康安全方面的思考？如果规划本身没有涉及这方面，是否积极地向领导提出了建议？

（3）在制订实现企业规划的具体方案时，是否考虑了健康安全方面的工作？

（4）在组织、指挥、控制下属开展工作时，是否强调了健康安全问题？

4. 建立普通员工的健康安全意识评价机制

普通员工是开展具体工作、实现企业规划和目标的最终力量，伤害最可能发生在他们身上。因此，进行普通员工的健康安全意识评价时，主要应考察：日常是否按照规定的操作规程工作？工作活动中是否有意识地使工作条理化？执行领导的决策时是否考虑了健康安全问题？当发现健康安全问题时，是否积极主动地向上反映？是否积极主动地提醒其他员工注意安全？

5. 定期集中开展健康安全意识培训

建立企业的健康安全精神文化离不开健康安全意识培训。培养员工健康安全意识的一个有效方法就是，定期开展健康安全意识敏感性训练和健康安全意识运用方法的培训。例如，企业可以通过参与式培训、具体情境下的活动来培养员工在工作过程中首先考虑健康安全问题的意识，同时运用各种技巧将依靠健康安全意识得来的判断转化成有利于工作开展的条件。

6. 开展岗位健康安全意识培训活动

定期集中培训有利于员工系统、全面、专心地培养健康安全意识，但在日常工作中培养健康安全意识更为有效的手段是在实际的岗位上培训。在具体工作中，员工会遇到各种意想不到的问题，这非常有助于从根本上培养员工的健康安全意识。因此，相关人员要利用相互学习和提醒、每日或每周的小组讨论等形式，开展岗位的安全意识培训活动。

7. 开展岗位健康安全宣传活动

岗位上的健康安全宣传就是在工作环境中，利用各种形式进行健康安全宣传，如贴条幅、贴标志、制作企业内刊等。

8. 开展多空间、全时段的健康安全宣传（表 6-1）

表 6-1　宣传媒介运用示意

媒介形式	地点	时间	内容	实施单位
电视视频	休闲休息区	午餐及其他休息时段	自制娱乐或警示类短视频	宣传部
广播	休闲休息区	班后休息	新闻广播宣传	宣传部
宣传册	员工经过停留的角落	上下班及路过角落时间	用图文并茂的形式介绍安全警示	宣传部
板报	工作区、休息区	班后休息	安全专题宣传	宣传部
标语	员工可经过的通道	上下班及其他可走动的时间	警示标语	宣传部
标语	井口、街道、井下大巷车场	上下班	警示标语	宣传部、工会、安监处
警示标志	井下大巷车场、作业现场	班中作业	安全警示标志	安监处、井区

9. 设立企业社工系统，进行员工健康安全意识沟通

员工在具体工作中经常会遇到各种健康安全问题，受到各种压力，但有可能因为企业正式沟通系统运行不畅，导致意见无法表达，这时就需要另一个系统提供支持。对于大型企业来说，尤其是对于那些员工健康安全问题非常重要的企业来说，设立隶属于高层管理部门的企业社工系统，帮助员工实现沟通、表达员工意见、为员工提供支持，是建设员工健康安全精神文化的较好选择。

10. 开展员工家属的健康安全宣传活动

工作岗位上的问题有些并不是由岗位工作直接引起的，而是由员工生活环境引起的。例如，员工家庭出现问题会使员工注意力不集中，这会导致工作过程中的操作失误或判断失误，从而导致事故和伤害事件的发生。对于高危险行业的员工来说，企业不但要强化他们的健康安全意识，而且要使他们的家属等具有一定的健康安全意识，这样才能减少危害事件的发生。因此，相关人员要在员工家属中进行各种健康安全宣传活动，

利用各种形式的活动提醒员工家属注意员工的健康安全。

构建企业健康安全精神文化时，最重要的就是确立明确的、适合企业性质和员工素质的健康安全理念。在具体运作过程中，相关人员要注意结合培训、宣传等多种方法，动员员工以及各方面的积极力量。在通过多种方法和渠道构建精神文化的过程中，相关人员还应注意使用健康安全的评价反馈机制，这样才能随时改进构建精神文化的具体工作。

关键点提示

企业构建企业健康安全精神文化时应注意以下要点：

1.确立员工健康安全的根本理念和价值观；2.建立高层管理者的健康安全意识评价机制；3.建立中层管理者的健康安全意识评价机制；4.建立普通员工的健康安全意识评价机制；5.定期集中开展健康安全意识培训；6.开展岗位健康安全意识培训活动；7.开展岗位健康安全宣传活动；8.开展多空间、全时段的健康安全宣传；9.设立企业社工系统，进行员工健康安全意识沟通；10.开展员工家属的健康安全宣传活动。

6.19　如何建立消防安全制度

工作场景描述

当需要建立消防安全制度，以规范员工的消防安全行为时，可查看。

解读与分析

企业在生产活动中往往存在一些潜在、不可预测的火灾隐患，严重地威胁着企业财产安全和员工的生命安全。因此，消防安全工作在企业的各项管理工作中占据着极其重要的位置。

为了消除火灾隐患，最大限度地降低火灾发生的可能性，把火灾造成的危害和损失降到最低，为企业的生产和员工的生活提供安全可靠的环境，企业必须根据消防法律法规的要求及自身的环境和条件，制订完善的消防安全管理制度和防火规定，规范消防管理人员和企业其他员工的日常行为，以避免火灾事故的发生。

一般来说，一套完整的消防安全管理制度应该包括以下几个方面。

1. 消防安全管理的原则

搞好消防安全管理可以为企业发展提供一个安全可靠的环境，促进经济效益的不断提高。但消防安全管理工作必须遵循一定的原则，才能达到消防资源合理配置，消防安全管理科学性的目的。

消防安全管理的原则包括："谁主管，谁负责"原则、科学管理原则、依法管理原则、依靠员工原则、综合治理原则。

2. 消防安全管理总则

总则中应明确规定建立消防安全制度的总目的、该制度的适用范围和消防安全工作的指导方针，明确规定单位消防安全工作的管理体制和组织领导体系、管理内容、程序和方式方法等。

3. 消防安全组织与机构规定

消防安全组织与机构是企业消防安全工作的核心执行者，直接参与消防安全管理的各项工作与实践，企业法人代表是消防安全的第一责任人。

企业各部门均实行防火安全责任制，成立防火安全工作小组，建立消防安全工作机构，以保证在火灾发生的情况下，在专业消防人员到来之前，能最大限度地控制火势蔓延或者把火扑灭在起始阶段。

4. 防火安全职责规定

全体员工都应该增强消防意识，履行防火责任和义务。企业要严格规定各级防火安全责任人的职责，明确防火安全工作小组的任务，将消防工作列入议事日程，做到与生产经营同计划、同布置、同检查、同总结、同评比。

5. 防火安全措施规定

各部门在生产和工作过程中，必须严格执行消防法律法规的有关规定和企业制订的各项防火安全规定，采取切实可行的具体措施，将防火安全工作落到实处。企业要加强员工的防火安全教育和义务消防员的技术培训，定期对各工作部门进行防火安全检查，杜绝火灾的各种隐患，防患于未然。

6. 奖励与惩罚规定

对消防安全工作的落实情况要定期检查评比。对于取得优秀成绩的部门或个人，企业要给予适当的表彰和奖励；对于无视消防安全工作、违反有关消防法律法规和企业消防安全管理制度的部门或个人，企业要依据具体情节给予处罚，必要时可给予经济处罚，情节特别严重并造成财产损失或人员伤亡的，移交司法机关追究其刑事责任。

总之，消防安全工作是企业安全工作的重中之重，完善的消防安全制度是企业安全生产和顺利发展的必要条件。制订消防安全制度时，相关人员一定要注意以上列出的各项内容和要求。

关键点提示

完整的消防安全制度应该包括：

1.消防安全管理的原则；2.消防安全管理总则；3.消防安全组织与机构规定；4.防火安全职责规定；5.防火安全措施规定；6.奖励与惩罚规定。

6.20　如何进行消防安全教育

工作场景描述

当需要增强企业员工的防火意识，提高员工防火技能时，可查看。

解读与分析

加强消防安全教育，让全体员工充分认识到火灾的危害性和消防工作的重要性，同时让其掌握一些基本的消防知识和方法，提高企业员工的消防意识和技能，是企业进行消防安全管理的首要任务，也是消防安全管理工作的重要内容。

消防安全教育，一方面能够帮助企业安全管理人员和防火责任人建立完备的安全知识结构，随时调整与实际情况不符的企业消防安全教育体系，增强各类人员的防火意识，提高企业抵御火灾的整体能力；另一方面，作为企业员工培训内容的重要组成部分，其对提高企业员工素质、增强企业凝聚力有着重要意义。

1. 进行防火态度教育，增强消防意识

态度是决定一项任务能否保质保量顺利完成的决定性因素之一，因此，为了增强企业全体人员的消防安全意识，企业首先要使他们对消防安全工作树立正确的态度。

（1）思想认识教育。企业通过消防法律法规、规章制度、劳动纪律教育，可让企业员工充分了解国家有关防火安全工作的方针和政策，使其认识到消防安全和企业发展、个人利益间的密切关系，提高其对消防安全重要性的认识，增强其消防安全责任感和自觉性。

（2）安全态度教育。企业要通过开展经常性的、细致的、耐心的思想教育工作，结合国内外消防工作的宝贵经验和惨痛教训，联系企业自身在消防安全工作中的实践经验，对员工进行有针对性的安全态度教育，使之端正态度，遵章守法。

2. 加强消防知识的普及

企业要经常给员工介绍和讲解基本的防火知识、灭火知识、紧急情况下的疏散与救护知识，使员工了解各类灭火器材的基本使用方法、电气设备的使用规定，知道火灾发生时应该如何报警，火灾蔓延时应怎样有序疏散，进行自救和互救。

（1）消防常识教育：火灾发生的条件，各类不同火灾发生的原理，本岗位不安全因素的消除和预防，用电、用火注意事项，火灾初起时的扑救方法等。

（2）专业消防知识教育。一些机器设备和工作具有特殊性，如锅炉、压力容器、电气设备，焊接、油漆等作业，操作相关机器设备和从事相关工作时，相关人员需要掌握专门的消防安全知识和技术。企业在开展相关消防安全教育时，一定要结合相关的生产技术进行专业培训。

3. 加强消防技能培训

作为消防知识和防火态度教育的后续工作，消防技能培训必不可少，因为员工有了正确的态度和丰富的知识，并不意味着就能正确合理地操作。

消防工作的意义更多地体现在实践中，能否满足客观现实的要求，是衡量消防安全教育工作是否到位的根本标准。消防技能培训应该在实战演练中进行，因为操作技能的掌握，从本质上说，就是多次重复同一个符合要求的动作在人的生理上形成的条件反射的结果。

首先，企业要对消防安全部门全体管理人员进行消防知识和技能的培训，主要是进行防火、灭火和紧急疏散等技能的培训。其次，企业要对其他部门员工进行消防知识和技能的培训，主要是进行明火的使用要求、电气设备使用规定及其使用过程中出现火情的紧急处理方法等方面的培训。

企业要进行广泛、有效的宣传。一般情况下，比较常见而有效的宣传手段有：安全简报、培训班、宣传画、黑板报、座谈会、讲座、标语、看电影录像、看展览、事故现场分析会、开展安全知识竞赛和开展安全活动日（周、月）活动等。值得注意的是，企业要想使宣传教育结果更理想，使消防安全教育规范化和系统化，需要组织有关人员编写适合各层次、各类型人员的消防安全教材，广泛普及消防安全知识。

4. 对新员工进行三级教育

企业新员工都要接受三级教育，即厂级、车间级和岗位（工段、班组）级安全教育。厂级和车间级教育，主要是进行安全方针、政策、法规、规章制度、消防安全知识和技能，厂和车间的生产安全状况、危险场所、危险设备和应注意的消防安全问题等的教育。岗位教育则是针对本岗位提出防火的重点和方法。

总之，企业要高度重视消防安全教育，做到警钟长鸣、毫不懈怠，并要有计划地把集中教育和经常性教育有机结合起来，增强、提高企业员工的消防安全意识和技能。

关键点提示

消防安全教育要做到：

1.进行防火态度教育，增强消防意识；2.加强消防知识的普及；3.加强消防技能培训；4.对新员工进行三级教育。

6.21 如何进行安全保卫管理

工作场景描述

当需要建立健全企业安全保卫制度，以保证企业安全时，可查看。

解读与分析

加强企业的安全保卫管理，建立完善的安全保卫制度，维护企业正常秩序，是企业各项工作顺利开展的前提，也是企业后勤工作的重要组成部分，在企业的安全管理中占有举足轻重的地位。

安全保卫管理不仅是为了满足企业自身安全的需要，而且是为了保障每一名员工的生命财产安全，使其拥有舒适的工作、生活环境。同时，安全、稳定的企业环境，是塑造现代企业形象、提高企业信誉度不可缺少的方面。

一般来说，相关人员要想做好企业的安全保卫管理工作，应该做到以下几点。

1. 内部安全保卫和社会治安工作相结合

企业是现代社会的重要组成部分。其内部治安是社会治安的一部分。企业内部的安全保卫工作，有赖于社会力量和公安部门的支持。所以，企业安全保卫部门应该始终与当地公安部门保持密切联系，及时了解社会治安状况，准确掌握犯罪分子的动向，积极配合公安部门搞好企业周围和内部治安工作，打击不法分子的破坏行为，确保企业安全，也为社会稳定做出贡献。

2. 加强安全保卫工作的软件管理和硬件建设

企业安全保卫工作的顺利开展，既依赖有效的软件管理，即人的因素，也需要治安防范的硬件基础，即物的因素。所以，相关人员一方面要加强企业的保安队伍建设，完善各种安全保卫制度，落实安全保卫防范措施；另一方面，要加强企业治安防范的硬件建设，即建立完善的电子监控系统，配备充足的对讲机等。

3. 建立健全安全保卫组织机构

企业要根据自身需要，依据保安工作的性质和任务，建立完善的安全保卫组织机构，成立专门的保卫部门，配备充足的保安人员，并根据企业自身的实际情况建立保安人员岗位责任制度和其他各项治安保卫制度，加强对保安部门的领导和管理。

4. 明确各级人员岗位责任

（1）保安部部门经理职责：负责整个企业范围内的安全保卫工作，制订保安部门工作计划，建立健全各项安全保卫制度；召集并主持部门例会，组织保安部全体保安人员开展各项治安保卫工作；积极组织开展以“五防”为核心的安全法制教育，领导组织保安部门的培训工作；监督考察本部门各岗位保安的工作表现，处理有关保安工作的投诉等。

（2）门卫保安职责：疏导车辆和人员进出，检查车辆和人员进入时的相关证件，维护门口秩序，保证车辆和行人安全，使门前畅通无阻；认真履行值班登记制度，详细记录值班中发生、处理的各种情况；坚持执行企业大宗及贵重物品凭证出入制度，确保企业财产安全；提高警惕，发现可疑人员和车辆后应及时处理并迅速报告领导等。

（3）巡逻保安职责：巡视检查厂区内是否有不安全因素，发现情况及时报告，并采取有效处理措施；制止厂区内，尤其是大厦或办公楼的电梯、公共走廊等地的不文明行为；对形迹可疑的人员和车辆进行必要的询问；检查消防设备是否完好，及时发现并消除火灾隐患；配合其他部门人员的工作。

（4）电子监控人员职责：全天候严密监视安保对象的各种情况，发现可疑或不安全迹象后，及时告知值班保安就地处理，及时通过对讲机向办公室报告，随时跟踪情况，直到问题解决；发现监控设备故障，要立即通知值班保安加强防范，并立即设法修复；记录当班的监控情况，严格执行交接班制度。

总的来说，企业的安全保卫工作，对于保证企业的正常运作是必需的。有关人员，特别是负责人，一定要对此保持高度警惕，不可有丝毫马虎。

关键点提示

企业进行安全保卫管理时要做到：

1.内部安全保卫和社会治安工作相结合；2.加强安全保卫工作的软件管理和硬件建设；3.建立健全安全保卫组织机构；4.明确各级人员岗位责任。

6.22 如何进行清洁卫生管理

工作场景描述

当需要保持企业的清洁卫生，为员工提供舒适的工作环境时，可查看。

解读与分析

企业要想在公众中树立良好的形象，同时给员工提供一个舒适的工作环境，必须做好清洁卫生工作，加强清洁卫生的区域化管理。企业清洁卫生管理包含的内容很丰富，并且因企业经营业务和生产组织方式的不同而有所差别。一般来说，它应该包括以下几个方面。

1. 公共区域的清洁卫生

公共区域一般包括楼层服务工作间、走廊、电梯间、楼梯间等。

（1）楼层服务工作间是企业对外平台，体现了企业的外在形象，因此相关工作人员必须搞好这里的清洁卫生，每天擦拭服务台面，保证没有杂物，整理好各种办公用品，保证整个工作间的清洁卫生。

（2）走廊的地毯要定期清洗或更换，地面要做到每天清扫，走廊两侧的消防器材、报警器也要每天擦拭，保持清洁。

（3）电梯间和楼梯间的清洁可展现企业形象，因此相关人员更应该保持其清洁、卫生。

2. 更衣室的清洁卫生

（1）更衣室的地面工作，包括扫地、拖地、擦抹墙角、清洁卫生死角等。

（2）清洁更衣室的内容包括擦洗地面和墙身，清洁门、墙和洗手池，清洁衣柜的柜顶和柜身等。

（3）如果在更衣室捡到员工遗失的物品，相关人员要及时登记并上交保卫部门。

3. 卫生间的清洁卫生

（1）为了达到更好的清洁效果，卫生间的清洁工作应自上而下进行，并且在水中放入适量的清洁剂。

（2）相关人员要每天定时清除卫生间内的垃圾杂物，用清洁剂清洁地胶垫和下水道口，清除缸圈上的污垢和污渍。

（3）相关人员要定期清洁镜面，保持镜面明亮无尘，用清水清洗水箱，并用专用的抹布擦干。

（4）相关人员要对卫生间进行定期消毒，并且在适当位置放置适量清洁球，以便消除异味。

（5）相关人员要定期补充纸巾，补充日常用品，并且在工作报表上注明需要的品种与数量。

4. 草地保养管理

草地不仅能起到净化空气、美化环境的作用，而且对改善员工心情、缓解员工紧张情绪有着独特效果，因此相关人员必须做好企业草地的保养管理工作。

（1）草地要保证每月剪割一次，每季度施肥一次，入秋后禁止剪割。

（2）企业要安装自动喷灌系统，定期对草地进行喷水灌溉。喷水灌溉要视气候状况和天气状况有所调整，原则是保证草地的水分充足。

（3）草地应采用横、竖、转方法交替进行剪割，防止转弯时局部草地受损过大，相关人员割草时行距叠合40%~50%，防止漏割。

（4）相关人员割草时要防止汽油、机油的滴漏，以免造成块状死草。相关人员要定期清理草上的垃圾和杂物，保持草地的整洁干净。

5. 盆景保护管理

盆景保护管理应该做到如下几点。

（1）建立盆景档案。所有山石盆景注意佩挂铁牌编号，拍照入册，做到盆景、名称、编号、照片对应存档，从确保妥善管理。

（2）如果添置新的盆景，经管理者共同签名确认后，及时入档。

（3）室内更换盆景时每次都应严格登记，注明时间、地点及成长状况。

总之，企业清洁卫生管理是企业安全卫生管理的重要组成部分，对于企业的发展和员工的健康同样具有不可忽视的作用。企业一定要根据自身的客观实际情况，制订科学合理的清洁卫生管理制度。

关键点提示

企业清洁卫生管理的内容包括：

1.公共区域的清洁卫生；2.更衣室的清洁卫生；3.卫生间的清洁卫生；4.草地保养管理；5.盆景保护管理。

6.23 如何进行卫生安全管理

工作场景描述

当需要维护工作场所环境卫生及员工健康时，可查看。

解读与分析

企业除了要做好清洁维护工作外，还必须加强卫生安全管理工作，保证工作环境的卫生及员工的身心健康。

一般来说，卫生安全管理的内容有以下几点。

1. 加强卫生宣传，做好基础工作

企业要定期有目的地进行卫生宣传，使企业员工充分认识到卫生安全的重要性和必要性，掌握必要的卫生安全知识，以便养成良好的生活习惯。企业在卫生安全管理基础工作方面，要做到如下几点。

（1）保证各工作场所整洁、卫生，相关人员要做到每天至少清扫一次，没有垃圾、污垢，采取各种办法减少扬尘。

（2）禁止随地吐痰，教育员工摒弃这种不文明的生活陋习。

（3）洗手间、更衣室及其他卫生设施，都要保持清洁。

（4）排水沟应经常清除污垢，保持清洁畅通。

（5）各工作场所必须定期消毒，经常通风换气。

2. 有碍卫生的气体和粉尘的处理

有碍卫生的气体不仅会造成作业环境的恶化，还会严重危害企业员工的人身安全。粉尘除了其本身对员工健康有着不利影响外，还是很多病毒和有害细菌的传播载体，对员工的健康存在潜在的危害。因此，对于有碍卫生的气体和粉尘，相关人员应做以下处理。

（1）采用吸收过滤的方式减小其浓度。

（2）使用密闭器具，防止其扩散。

（3）在产生位置附近，按其性质分别做沉淀、吸引或排除处置。

3. 采光方面的管理

企业要想营造舒适的工作环境，必须保障各工作场所光线充足以及分布适宜，防止光线炫目和闪动，避免员工因视觉受到影响而引发事故。各工作场所的窗户及照明器具的透光部分，均应保持清洁。在自然光无法达到的地方或时段，企业要用适当的方法进行补光处理。凡阶梯、升降机上下处及机械危险部分，均应保证有适当的光线。

4. 卫生维护用具配备管理

从事特种工作（如电焊、油漆等）的工作人员，应根据工作需要配发防护装、手套、防护眼镜等，以确保其健康安全。为保持良好的劳动环境，相关人员应在工作场所放置清扫工具，废弃物和垃圾应放于指定地点。作为应急措施，企业应在作业现场和工作场所配备必要的急救用品。卫生维护用具要定期检查，及时予以更换和补充。

5. 就业和上岗限制

为了维护正常的工作秩序，依据医师的诊断结果，患有下列疾病的人限制上岗或就业。

（1）开放性肺结核。

（2）精神分裂症及其他精神病。

（3）麻疹、炭疽病。

（4）传染性较强的急性结膜炎等。

（5）梅毒、淋病、疥疮等传染性疾病。

（6）非典型肺炎等传染性疾病。

6. 卫生安全教育

企业内部要做好自上而下的卫生安全教育和再教育，保证每一名管理者和普通员工都具备基本的卫生安全知识，使其充分认识到卫生安全的重要性，摒弃陋习，养成良好的生活习惯。这样既能使员工做好个人卫生，还能营造一个人人相互尊重、温馨愉悦的工作环境。为了有效地实施卫生安全教育，相关人员可定期从企业外部聘请专家，举办卫生安全讲座。同时，企业还应该借助标语、海报等方式，时刻提醒员工，进行长期不懈的宣传。

总之，企业若想做好卫生安全管理工作，保证员工的健康，塑造和保持企业良好的内部工作环境，就必须做好以上工作。

关键点提示

卫生安全管理的内容主要包括：

1.加强卫生宣传，做好基础工作；2.有碍卫生的气体和粉尘的处理；3.采光方面的管理；4.卫生维护用具配备管理；5.就业和上岗限制；6.卫生安全教育。